Max Reinhardt

Vom Barbar zum Fürst

ISBN:
978-3-00-062419-3

Titelbild, Totenbaum und Kriegstagebuch
gezeichnet von Andreas Wagner
www.wagnerkunst.de

Gewidmet dem Roadbreaker MC Hildesheim

Die Motoren beschleunigen donnernd
und unser Schwarz vereint sich
mit dem Schwarz der Nacht.
Die Straße scheint endlos
und meine Brüder und ich unverwundbar.
Denn die Götter lieben uns
wenn wir schnell sind.

Inhaltsverzeichnis

Vorwort zur 2. Auflage

Seit der ersten Auflage von *Vom Barbar zum Fürst* im April 2019 ist viel passiert.
Ich habe zwei weitere Bücher veröffentlicht, *Kraft & Ausdauer* und *Mein erster Halbmarathon*. Und die Coronakrise hat begonnen. Der Virus dient nun als universeller Sündenbock und Rechtfertigung für tiefe gesellschaftliche Einschnitte. Im Grundgesetz garantierte Bürgerrechte werden mit Leichtigkeit abgeschafft, Ärzte die dem offiziellen Bild der Coronabedrohung widersprechen mundtot gemacht und die deutsche Gesellschaft Schritt für Schritt weiter in Richtung Totalitarismus geführt.

Was dieses Buch aktueller denn je macht.

Die aktuellen Entwicklungen kann man nur verstehen, wenn man versteht, wie Finanzsystem und Politik zur eigenen Bereicherung auf Kosten der Bevölkerung zusammenarbeiten. In diesem Sinne habe ich *Vom Barbar zum Fürst* um vier Texte erweitert, die hoffentlich zu eben diesem Verständnis beitragen. Die vier Essays bilden den Anhang, bestehend aus den Abschnitten 50 bis 53, wobei das letzte Essay vor allem die psychopathische Gefährlichkeit mancher

Berufspolitiker behandelt.
Um so genauer man die Gefahr erkennt, um so mehr möchte man sich verteidigen können. Die Selbstentwicklung vom Barbar zum Fürst ist genau das – Selbstverteidigung gegen ein verbrecherisches System.

Schließt eure Herzen sorgfältiger als eure Tore. Es kommen die Zeiten des Betrugs, es ist ihm Freiheit gegeben. Die Nichtswürdigen werden regieren mit List, und der Edle wird in ihre Netze fallen.

- Götz von Berlichingen mit der eisernen Hand

***

Es ist Zeit an dich und deine Lieben zu denken und ins Handeln zu kommen. Dieses Buch zu lesen ist ein erster Schritt auf diesem Weg.

INTRO

Hiermit erkläre ich meiner Schwäche den Krieg. Weil ich es mir wert bin, an mir zu arbeiten. Weil ich die moralische Verpflichtung dazu habe. Denn um so stärker ich physisch, mental und finanziell bin, desto mehr Gutes kann ich tun. Für meine Familie, meinen Stamm, meine Leute und mich.

1. Einleitung

Dieses Buch handelt von mentaler und finanzieller Selbstermächtigung. Es richtet sich primär an Männer, die bereits *The Way of Men, Becoming a Barbarian* und *A More Complete Beast* von Jack Donovan gelesen haben.

Wer diese drei Bücher liest, versteht und umsetzt, wird sich als freier Mann in einer unfreien Welt wiederfinden und sich fragen, was er nun mit seiner persönlichen Freiheit anfangen soll. Er ist der Barbar, der zwar frei, aber auch arm, durch das Reich des Nichts zieht und sich fragt, wie er die Zukunft zu seinen Gunsten gestalten kann. Was immer auch bedeutet, die Zukunft zu Gunsten seines Stammes, seiner Leute, zu gestalten.

So wie Odin mit seinen Brüdern vor dem Leichnam Ymirs stand und sich fragte, was für eine Welt er nun erschaffen soll, so steht der Barbar nun als ganzere Bestie vor dem Leichnam seiner alten Identität und fragt sich: Was nun?
Es geht also um Weiterentwicklung - vom Barbar zum Fürst.

Der Begriff Barbar steht im Folgenden für einen Mann, der:

- die geschriebenen und ungeschriebenen

Regeln und Gesetze des Empire of Nothing nicht als moralische Verpflichtungen sieht und - Caput Gerat Lupinum - den Wolfskopf trägt,

- sich aus freien Stücken für ein maskulines Leben in einer Gesellschaft entschieden hat, die Männlichkeit nicht mehr braucht und kritisch sieht,

- eine Gruppe von Gleichgesinnten, seine Gang, seinen Stamm, gefunden hat und versteht, dass es kein starkes Individuum ohne starke Gruppe und keine starke Gruppe ohne starke Individuen geben kann,

- versteht dass Ressentiment am besten durch Kreativität überwunden werden kann, dass wir unsere bessere Welt selbst erschaffen müssen,

- und genau weiss wer er ist, und daher nicht mehr empfindlich gegenüber den Meinungen Dritter ist.

Der Begriff Fürst steht im Folgenden für einen Mann, der, zusätzlich zu den Attributen des Barbaren:

- seinen inneren Frieden mit der bürgerlichen Gesellschaft & dem Reich des Nichts gemacht hat,

- die Dinge für seine Leute und sich besser machen will und diszipliniert daran arbeitet,
- akzeptiert, dass er dafür Geld braucht und sich daher proaktiv mit seinen Finanzen beschäftigt,
- und versteht, dass Nietzsches aristokratische Wertgleichung letztlich Verantwortung bedeutet.

Was ist dieses Empire of Nothing?
Das Reich des Nichts ist der Verbund der westlichen Industrienationen, deren Institutionen und Konzerne. Das Reich des Nichts hat ein übergeordnetes Interesse: Kommerz.

Regierungen, Behörden und Konzerne - alle den Mainstream prägenden Akteure eint das Interesse an
mehr internationalem Handel, Wirtschaftswachstum, Gewinn und Steueraufkommen. Aus diesem gemeinsamen Interesse ergibt sich eine Feindlichkeit gegenüber starken Identitäten.
Ein internationaler Konzern möchte in möglichst vielen Ländern möglichst viele Kunden erreichen. Grenzen sind Handelshemmnisse.

Und ohne Grenzen, ohne eine Unterscheidung zwischen uns und denen, zwischen In- und Outsidern, zwischen Inangaard und Utangaard, kann es keine feste, bedeutungsvolle Identität geben.

Der ideale Bürger des Reich des Nichts ist eine fleißige Arbeits- und Konsumdrohne, die ihre fragile Identität primär aus ihren Konsumentscheidungen ableitet, nicht aus ihren Wurzeln.

2. Kapitalist im besten Sinne

Was Barbar und Fürst von außen gesehen wahrscheinlich am meisten unterscheidet, ist der Besitzstand. Während der Barbar nur Dinge besitzt, die er direkt für das Leben seiner Familie und seiner selbst benötigt, ist der Fürst zusätzlich Eigentümer von Vermögenswerten, die er nicht unmittelbar selbst nutzt, sondern die ihm Einkünfte bringen. Er ist Kapitalist im besten Sinne.

Die Summe all dieser Vermögensgegenstände, all seiner Unternehmen, Immobilien, Geschäfte und Gewerbe, das ist sein Fürstentum. Zunächst nur eine kleine Keimzelle, nur eine Idee, später ein Geflecht aus Einkommensquellen und Geschäftspartnern.

Der Barbar ist ein Kämpfer weil er keine andere Wahl hat - er befindet sich im Krieg mit dem Reich des Nichts und das Reich des Nichts befindet sich im Krieg mit ihm. Sein Stamm bietet ihm Zuflucht und Rückhalt, so dass er sich immer wieder sammeln und erneut in die Schlacht ziehen kann. Und das muss er, um sich und seine Leute zu ernähren.

Der Fürst kann kämpfen und zieht in den Krieg, wenn es erforderlich wird. Anders als der Barbar lebt er jedoch nicht von der Hand in den Mund. Er ist Krieger im Herzen, äußerlich aber mehr Unternehmer und Geschäftsmann als Kämpfer.

Er befindet sich nicht mehr im offenen Konflikt mit dem Reich des Nichts, sondern sieht all die Freiheiten die es ihm bietet und nutzt diese effizient für sich. Er versteht das Spiel der Mächtigen, die Scheindemokratie, das Zusammenspiel von Kapital und Politik; den Drang des Systems zu Gleichschaltung und Zersetzung von Identitäten; den Willen des Reichs des Nichts uns alle zu blinden Konsum- und Arbeitsdrohnen zu machen.

Jedoch sieht er sich davon nicht mehr bedroht, denn sein Stamm und seine Identität stehen fest außerhalb des Empire of Nothing. Anstatt also gegen das Reich des Nichts zu rebellieren, sich reflexiv durch seinen Widerstand zu definieren, nutzt er, wo immer opportun, die Infrastruktur des Reichs und ignoriert es ansonsten.

Sein Geist ist Sonne, nicht Spiegel.
Er erschafft sein eigenes Reich, sein Fürstentum, und lässt das Zeitgeschehen mit all seinem Irrsinn unbeachtet vorüber ziehen.

Auf seinem bisherigen Entwicklungsweg hat sich der Barbar zuerst mit dem Weg der Männer, mit Maskulinität an sich, auseinandergesetzt.

Zum ganzen Barbaren wurde er dann durch

seinen Stamm und seine tribale Identität. Die zwangsläufig einen inhärenten Konflikt mit der bürgerlichen Welt und dem Reich des Nichts mit sich bringt.

Zur ganzeren Bestie werdend erkennt er, dass das Ressentiment aus diesem Konflikt nur durch Kreativität, durch das Erschaffen seiner eigenen besseren Welt, überwunden werden kann.

Dieses Buch möchte eben dazu beitragen und dir einen konkreten möglichen Weg vorwärts aufzeigen.

Auf dass die Bäume der Freiheit für viele Generationen in den Gärten deines Fürstentums blühen.

Max Reinhardt

MACHT
&
REICHTUM

3. Kreativität & Finanzen

Warum sollte unser Barbar als ganzere Bestie nun also seine kreative Energie gerade dem Thema Finanzen widmen? Sind Finanzen und Kreativität als Begriffspaar nicht fast schon ein Widerspruch in sich? Korrumpiert das nicht den freien Geist des rebellischen Outlaws?

Ich vermute, dass es bei einigen Lesern von Jack Donovan's Büchern eine gewisse Abneigung gegen Unternehmertum, Business, Kapitalismus, Geschäftsleute und so weiter gibt. Weil sie diese Begriffe verständlicherweise mit Donovan's Empire of Nothing assoziieren und wahrscheinlich oftmals schon vorm Lesen der Bücher "systemkritisch" waren und Kapitalismus mit "dem System" gleichsetzen.

Das Bild von Unternehmern ist mitunter das von dicken Anzugträgern, die Zigarre rauchend ihr Geld zählen während sie diabolisch lachend ihre Angestellten ausbeuten. Und jetzt sage ich plötzlich, dass unser Barbar, der sich mühsam aus den Fesseln des Systems frei gekämpft hat, nun eben so ein Unternehmer werden soll?

Nein. Und deswegen gilt es nun erst mal mit einigen Begriffen, Bildern und Vorstellungen aufzuräumen. Um vielleicht die ein oder andere Klischee-Vorstellung zu zerstören: Ich selbst bin Immobilien-Unternehmer, ohne Anzug, und wenn ich mal etwas rauche, ist es keine

Zigarre. Gleichzeitig bin ich auch Member in einem mittelgroßen MC. Und Bankangestellter. Und Afghanistan-Veteran. Und so weiter. Du kannst sein, was du willst. Lass dich nicht in irgendwelche Schubladen sperren.

Wenn dein Bild von Unternehmern negativ geprägt ist, werde doch ein Unternehmer, der es besser macht, der besser ist. Ein Unternehmer ist jemand, der etwas unternimmt. Er handelt proaktiv anstatt sich passiv seinem Schicksal, sprich letztlich anderen Menschen, zu fügen.

Er verdient Geld, indem er etwas tut, was anderen Menschen Geld wert ist. Er schafft Werte und löst Probleme. Er ist kreativ, er erschafft Neues. Kreativität wird ja meist mit künstlerischen Dingen wie Malerei, Literatur etc. assoziiert. Das stimmt natürlich auch, aber kreativ ist, wer etwas erschafft, das neu oder originell und dabei nützlich oder brauchbar ist - egal ob das Kunst oder ein Unternehmen ist.

4. Unternehmertum

Während ich das hier schreibe ist es genau eine Woche her, dass ich ein Haus verkauft habe. Das war mein erstes Fix & Flip Projekt. Fix & Flip bezeichnet den Kauf einer älteren Immobilie, die man dann aufwertet und wieder verkauft. Die Immobilien, die so auf den Markt kommen, sind dann günstiger als Neubauten aber innen größtenteils neu. Also ideal für jemanden, der sich umfangreiche Renovierungsmaßnahmen nicht selbst zutraut und gleichzeitig auch keinen Neubau möchte.

Beispielhaft für mein Verständnis von Unternehmertum möchte ich einmal kurz darlegen, wie ich die Rolle des Immopreneurs, also des Immobilienunternehmers, hier sehe. Gucken wir uns dazu mal die verschiedenen Spieler bei so einem Deal an. Ohne bestimmte Reihenfolge sind da:

- Banken - die wollen Kredite vergeben und leben von den Zinsen, die sie dafür erhalten

- verschiedene Gewerke - die wollen auf Baustellen arbeiten und leben von dem Lohn, den sie dafür erhalten

- Makler - die wollen Immobilien vermitteln und leben von der Provision, die sie dafür erhalten

- Verkäufer - die wollen ihre Immobilie aus verschiedensten Gründen loswerden, leben aber fast nie davon

- Käufer - die wollen eine Immobilie kaufen, entweder zur Selbstnutzung oder zu Anlagezwecken, und wollen dafür möglichst wenig bezahlen

- Notar und Behörden - schaffen Rechtssicherheit für alle oben genannten Akteure und lassen sich das gut bezahlen

Die Rolle des Immopreneurs ist es nun, all diese Marktteilnehmer mit ihren verschiedenen Interessen zusammenzubringen und dafür zu sorgen, dass ein Deal entsteht, von dem alle Beteiligten etwas haben.

Der Unternehmer löst also Probleme und deckt Bedarfe von Markteilnehmern. Nur dafür bekommt er letztlich sein Geld.

5. Finanzielle Stärke

Geld ist aber kein Wert an sich und macht an sich nicht glücklich. Aber wer kann unter sonst gleichen Bedingungen mehr für sich und seine Leute tun? Der finanziell Schwache oder der finanziell Starke? Finanzielle Stärke löst Probleme.
Geld ist ein Universalwerkzeug.

Das Motorrad deines Bruders ist kaputt gegangen und er hat gerade keine Kohle. Aber du. Also hilfst du ihm.

Deine Mutter bekommt eine hohe Arztrechnung, musste aber gerade eine größere Reparatur im Haus bezahlen. Du hast Rücklagen geschaffen und kannst ihr nun aushelfen.

Du bekommst einen neuen Chef - der ist voller Ressentiment und macht dir und deinen Kollegen den Arbeitstag zur Hölle. Du hast genug Nebeneinkünfte um über die Runden zu kommen und kündigst.

Finanzielle Stärke lässt sich zweckmäßig in zwei Aspekte unterteilen:

Finanzielle Schlagkraft: Wie viel Cash kannst du zur Lösung von Problemen aufbringen?

Finanzielle Unabhängigkeit: Wie sehr bist du

auf Arbeitgeber angewiesen?

Beide Aspekte sind relativ unabhängig von einander. Du kannst zwar viel finanzielle Schlagkraft haben, weil du ein hohes Gehalt beziehst, aber gleichzeitig komplett finanziell abhängig von deinem Arbeitgeber sein, da du keine anderen Einkommensquellen hast.
Oder andersrum: Du verfügst nur über relativ wenig Cash, beziehst dein Einkommen aber ohne tägliche Arbeit aus Vermietung und Verpachtung.

Der Fürst verfügt über hohe finanzielle Schlagkraft bei gleichzeitiger finanzieller Unabhängigkeit. Er kann jederzeit finanzielle Probleme lösen und lebt selbstbestimmt und unabhängig von Vorgesetzten.

6. Verzerrte Entscheidungen

Auf persönlicher Ebene und im direkten sozialen Umfeld sind die Vorteile von gesteigerter Finanzkraft gut greifbar, aber wie sieht das Thema im gesamtgesellschaftlichen Kontext aus?

Im deutschen Grundgesetz sagt Artikel 20, Absatz 2:
"Alle Staatsgewalt geht vom Volke aus. Sie wird vom Volke in Wahlen und Abstimmungen und durch besondere Organe der Gesetzgebung, der vollziehenden Gewalt und der Rechtsprechung ausgeübt."

Das passt ja zu der Vorstellung, dass wir in einer Demokratie leben und "das Volk" der Souverän ist. Wenn "das Volk" der Souverän ist, verfügt jeder Bürger über etwas Macht. Er kann durch seine Stimme bei Wahlen mitentscheiden, wo es lang geht.

Das ist jedenfalls das offizielle Bild in westlichen Industrienationen wie Deutschland. Aber stimmt dieses Bild? Hat jeder Bürger etwas Macht und kann mitentscheiden?

Das Bundesministerium für Arbeit und Soziales hat im Rahmen der Armuts- und Reichtumsberichterstattung der Bundesregierung die Universität Osnabrück beauftragt, eben dieser Frage auf den Grund zu

gehen.
Das Forschungsprojekt *Systematisch verzerrte Entscheidungen? Die Responsivität der Deutschen Politik von 1998 bis 2015* kommt in der Kurzbeschreibung zu folgendem Ergebnis:

"Die Auswertung dieser Daten zeigt einen deutlichen Zusammenhang zwischen den getroffenen politischen Entscheidungen und den Einstellungen der Bessergestellten, aber keinen oder sogar einen negativen Zusammenhang für die Einkommensschwachen."

Dass viele Menschen sich von unser repräsentativen Demokratie eben nicht repräsentiert fühlen hat also wissenschaftlich erforschte Gründe. Der Endbericht des Forschungsprojektes mit Stand 2. Juni 2016 kann auf der Homepage der Universität Osnabrück heruntergeladen werden. Er hat die ISSN 1614-3639.

Wenn nun also schon ein von einem Bundesministerium beauftragtes Forschungsprojekt zu dem Ergebnis kommt, dass es keinen oder sogar einen negativen Zusammenhang zwischen den getroffenen politischen Entscheidungen und den Einstellungen der Einkommensschwachen gibt - dann muss man sich eingestehen, dass die allgemeine Vorstellung von unserer Demokratie nicht stimmt.

Würde die Vorstellung von einem halbwegs fairen politischen System stimmen, so würde es zu einem Interessenausgleich zwischen den verschiedenen Bevölkerungsschichten kommen und auch die Einkommensschwachen würden in der politischen Entscheidungsfindung berücksichtigt werden.

Die Regierung hat natürlich ein starkes Interesse, den Glauben an das offizielle Bild unserer "Demokratie" in den Köpfen der Bevölkerung aufrecht zu erhalten. Denn Menschen akzeptieren Entscheidungen viel besser, wenn Sie denken, dass sie an der Entscheidungsfindung beteiligt waren. Deswegen stimmen wir ab, deswegen empfinden wir Mehrheitsentscheidungen als fair. Warum sollte man gegen etwas rebellieren, an dem man selbst beteiligt war?
Um es mit Prof. Rainer Mausfeld zu sagen: Es gibt keine bessere Revolutionsprophylaxe als Demokratie.

Du, ich, unsere Eltern, wir alle sind in einer Welt aufgewachsen, in der "Demokratie" als normal, als selbstverständlich gilt. Wenn du aber etwas weiter zurückschaust und dich mit den verschiedenen Herrschaftssystemen in der Menschheitsgeschichte beschäftigst, muss dir eins klar werden: Repräsentative Demokratie ist das, was die Eliten als Revolutionsprophylaxe installieren, wenn die Kosten der Repression zu hoch werden.

Jetzt könnte man sich lange mit dem Thema aus einander setzen, die Studie im Detail auswerten, viel darüber diskutieren, sich aufregen, voller Groll die Faust ballen und die ungerechte Welt verdammen.
Oder die Dinge akzeptieren wie sie sind und sich darauf konzentrieren, selbst voran zu kommen.

Wir leben in einer Scheindemokratie, in der systematisch verzerrte Entscheidungen zu Gunsten der Einkommensstarken getroffen werden. Man könnte jetzt ausführlich die Vor- und Nachteile verschiedener Regierungsformen und Demokratievarianten diskutieren. Sich vielleicht für direkte Demokratie aussprechen, und feststellen, warum es schon prinzipiell nicht sein darf, dass der Vertreter des Souveräns mehr Macht als der Souverän hat.

Werde ich aber nicht. Zeitverschwendung. Statt dessen akzeptiere ich, dass es in der ganzen Menschheitsgeschichte, in allen Staats- und Regierungsformen, und lange bevor es Staaten gab, immer eine Gruppe von Mächtigen gab, die über die Ohnmächtigen herrschte.

7. Macht & Ohnmacht

Ist das moralisch in Ordnung? Scheiß Frage. Macht und Ohnmacht sind nicht Moral sondern Naturgesetz.

Die Dynamik zwischen Macht und Ohnmacht zu verteufeln ist ungefähr so klug, wie die Schwerkraft zu verfluchen, wenn du gestürzt bist oder dir bei einer wütenden Tirade gegen "das System" deine Kaffeetasse runter gefallen ist.

Die Frage ist nicht, ob das fair ist, sondern wo du deine Energie und Aufmerksamkeit investierst. Man kann unendlich viel Zeit damit verbringen, sich über all die Ungerechtigkeiten, all den Irrsinn, all die Fehler im System, aufzuregen. Man kann unendlich viel darüber lesen, diskutieren, recherchieren, schreiben und schimpfen, aber welchen Effekt hat das? Hast du damit irgendwem geholfen? Du magst nun vielleicht einwenden, dass es wichtig ist sich mit all dem zu beschäftigen und darüber aufzuklären, damit es zukünftig besser werden kann. Aber welchen Wirkungsgrad hast du dabei?

Die Gefahr ist dich reflexiv über deinen Widerstand gegen "das System" zu definieren - dich als gut und gerecht zu sehen, bloß weil du gegen etwas bist. Dich so an deinem Widerstand aufzureiben, dass die Jahre ins

Land gehen und du überhaupt nicht weiter gekommen bist.

Wenn du die Welt verbessern willst, dann fang bei dir an. Verbessere zuerst dein eigenes Leben, das Leben deiner Familie, der Menschen die dir wirklich wichtig sind, anstatt dich an Problemen abzuarbeiten, auf die du praktisch keinen Einfluss hast. Anstatt zu fragen was scheiße ist und wogegen man protestieren und seine moralische Überlegenheit demonstrieren kann - frag dich was gut ist und wie du daran arbeiten kannst.

Und gut ist stark zu sein.
Körperlich, mental, finanziell.
Denn wer kann mehr Gutes tun?
Wer kann seine Leute besser unterstützen?
Der Starke oder der Schwache?
Und was macht dich glücklicher?
Was glaubst du, wie du besser für deine Ideale und Wertvorstellungen eintreten kannst?
Als Demonstrant oder als Fürst?

8. Der Weg zu finanzieller Stärke

Der Weg zu mehr finanzieller Stärke ist untrennbar mit mentaler Stärke verbunden. Und mentale Stärke ist untrennbar mit körperlicher Stärke verbunden.
Mens sana in corpore sano - ein gesunder Geist in einem gesunden Körper.

Im Folgenden beschäftigen wir uns mit finanzieller Stärke und unmittelbar damit verbundenen mentalen Aspekten.

Physische Kraft und Ausdauer wird als Fundament für die Errichtung deines Fürstentums vorausgesetzt.

Der Barbar hat also erkannt, dass er finanziell stärker werden muss, um sich und seine Leute voran zu bringen. Im Geiste ist er frei, doch in der materiellen Welt ist er noch durch finanzielle Abhängigkeiten gefesselt. Anstatt seine Umstände zu verdammen oder einen Ausweg im Negieren seiner Bedürfnisse und Wünsche zu suchen, sagt er ja zu sich und seinen Träumen.

Und dafür braucht er Geld. Wie können wir also unsere finanziellen Fesseln abwerfen und materiell frei und unabhängig werden?

Reichtum ist stark ungleich verteilt - eine kleine Minderheit verfügt über großen

Reichtum, während die breite Masse arm ist.

Natürlich sind arm und reich relativ - was in dem einen sozialen Kontext reich ist, ist in dem anderen arm und umgekehrt. Es ist zwar gut zu wissen, dass ein Hartz-IV-Empfänger im Vergleich zu einem Bettler in der Mongolei reich ist, aber das relativiert nicht den Willen zur Macht des Barbars.
Wir können alles relativieren - was ist der Liebeskummer des einen im Vergleich zu den zerquetschten Gliedmaßen des anderen?

Aber eben dieser Relativismus dient zu oft als komfortable Ausrede um sich nicht anstrengen zu müssen. Der Barbar hat sich dazu entschlossen, sich und seine Leute voran zu bringen. Davon lässt er sich nicht durch die Tatsache ablenken, dass es anderen schlechter geht.

Er fragt sich also was die reiche Minderheit anders macht als die arme Masse.

9. Hochvermögende in Deutschland

Wieder ziehen wir ein Forschungsprojekt im Auftrag des Bundesministeriums für Arbeit und Soziales im Rahmen der Armuts- und Reichtumsberichterstattung zur Rate.

Der Abschlussbericht des Forschungsprojektes *HViD - Hochvermögende in Deutschland* hat die ISSN 1614-3639 und kann auf der Homepage der Universität Potsdam heruntergeladen werden. Im Fazit kommt die Studie u.a. zu folgendem Ergebnis:

"Hochvermögende sind überwiegend hoch gebildete verheiratete Männer ab 50 Jahren, von denen überdurchschnittlich viele eine selbständige Tätigkeit ausüben. Mehr als die Hälfte der HViD-Befragten verfügt über einen akademischen Abschluss. Der Anteil an Promotionen ist mit sieben Prozent im Vergleich zur Gesamtbevölkerung hoch. In Bezug auf die Persönlichkeitsmerkmale zeichnen sich die Befragten durch eine hohe Offenheit, Extravertiertheit und Risikobereitschaft aus. Letzteres trifft vor allem auf die berufliche Risikobereitschaft von Unternehmern zu. Hochvermögende haben zudem eine niedrige externale Kontrollüberzeugung, was insbesondere auf Unternehmer zutrifft."

Es kommt dabei natürlich nicht auf Alter und

Familienstand an, alt wirst du von alleine und heiraten macht erstmal auch nicht reich. Es kommt auf die Punkte hohe Bildung, Selbstständigkeit, und die oben genannten Persönlichkeitsmerkmale an.

Der wichtigste Aspekt ist sicherlich die niedrige externale Kontrollüberzeugung. Eine niedrige externale Kontrollüberzeugung impliziert eine hohe internale Kontrollüberzeugung, was nichts anderes bedeutet, als zu erkennen dass man wahrhaftig seines Glückes Schmied ist und sein Schicksal selbst in der Hand hat.

Was totale Freiheit und damit totale Verantwortung bedeutet.

Der Punkt hohe Bildung korreliert wie in der Studie gezeigt mit all dem. Der Zusammenhang zwischen hoher Bildung, Selbstständigkeit und Reichtum ist aber eben nur das - korrelativ, und nicht kausal. Ich kann noch so viel Wissen ansammeln, noch so gebildet sein, ohne die notwendige Risikobereitschaft, den Mut, werde ich mein Wissen nie in Selbstständigkeit und Reichtum umsetzen.

Nur angewandtes Wissen ist Macht. Der Fürst ist gebildeter Krieger - kein impotenter Intellektueller, der hochtrabend und absichtlich kompliziert daherschwafelt, weil er sonst nichts zu bieten hat.

10. Unternehmer = reich = mächtig

Wenn wir nun die Ergebnisse beider Studien betrachten, sehen wir zwei Dinge:

1. Nur die finanziell Starken = Mächtigen können gesellschaftlich und politisch tatsächlich mitentscheiden.

2. Circa zwei Drittel der Hochvermögenden sind durch Unternehmertum reich geworden.

Macht ist die Fähigkeit einer Person oder Gruppe, auf das Verhalten und Denken einzelner Personen, sozialer Gruppen oder Bevölkerungsteilen so einzuwirken oder sie so zu beeinflussen, dass diese sich ihren Ansichten oder Wünschen unterordnen und sich danach verhalten.

Als Unternehmer hast du die besten Chancen mächtig zu werden.

Und wie mächtig du bist, entscheidet über deine Position in der sozialen Dominanz-Hierarchie.

Deine Position in eben dieser Hierarchie entscheidet darüber, ob du im Leben haben kannst, was du willst, oder nicht.

Der Weg vom Barbar zum Fürst besteht also darin, mit der kreativen Schaffenskraft der

ganzeren Bestie durch Kraft, Mut, Kompetenz und Ehre Unternehmer und so finanziell stark und damit mächtig zu werden.
Für dich und die Menschen, die dir wichtig sind.

In den folgenden Kapiteln werden wir uns nun mit den drei Säulen finanzieller Stärke beschäftigen:

- Mentalität, unsere subjektive Ideologie
- Bildung, dem nötigen Fachwissen
- Disziplin, der Eigenkontrolle unseres Verhaltens

INNERE KRIEGSFÜHRUNG

11. Innere und äußere Siege

Das Erreichen jeden Ziels erfordert innere und äußere Siege. Bevor wir in der materiellen Welt erfolgreich handeln können, müssen wir zuerst unsere inneren Hindernisse aus dem Weg räumen.

Stellen wir uns den äußerlich sichtbaren Erfolg eines Menschen wie die Spitze eines Eisberges vor. Die Spitze ist sichtbar, während der Großteil des Eisberges unsichtbar unter Wasser bleibt.
Dieser Großteil des Eisberges ist unsichtbar, ermöglicht als Fundament jedoch erst die Höhe der sichtbaren Spitze.

Das Fundament für die Errichtung unseres Fürstentums ist Wissen - Wissen über unsere Innere Welt, unser Selbst, und über die Äußere Welt, die faktische Realität.

In diesem Kapitel beschäftigen wir uns mit psychologischen Hürden, die unser Barbar auf dem Weg zum Fürst überwinden muss; den inneren Schlachten, die er gewinnen muss.

Diese Hürden bestehen vor allem im eigenen Ego, Identitätskonflikten und dem Umgang mit Zweifel und Überforderung. Im nächsten Kapitel wenden wir uns dann der äußeren Kriegsführung, dem Handeln in der physischen Welt, zu.

Sagen wir es uns ohne Schonung, wie bisher jede höhere Cultur auf Erden angefangen hat! Menschen mit einer noch natürlichen Natur, Barbaren in jedem furchtbaren Verstande des Wortes, Raubmenschen, noch im Besitz ungebrochner Willenskräfte und Macht-Begierden, warfen sich auf schwächere, gesittetere, friedlichere, vielleicht handeltreibende oder viehzüchtende Rassen, oder auf alte mürbe Culturen, in denen eben die letzte Lebenskraft in glänzenden Feuerwerken von Geist und Verderbniss verflackerte. Die vornehme Kaste war im Anfang immer die Barbaren-Kaste: ihre Übermacht lag nicht vorerst in der physischen Kraft, sondern in der seelischen, – es waren die ganzeren Menschen, was auf jeder Stufe auch so viel mit bedeutet als »die ganzeren Bestien«.

- Friedrich Nietzsche

12. Ego & Identität

Wenn wir bei dem Bild des Eisberges bleiben und ein stabiles Fundament für sichtbaren Erfolg erschaffen wollen, müssen wir uns zuerst mit unserem Ego und unserer Identität beschäftigen.

Der Barbar hat bereits eine unerschütterliche maskuline und tribale Identität und ein starkes Ego.

Seine tribale Identität stärkt ihn und macht ihn unabhängig von Meinungen aus Utangard, von außerhalb seines Stammes, von Fremden. Jedoch schränkt ihn eben diese tribale Identität, das Über-Ich seines Stammes, auch ein.

Um sich weiter zu entwickeln muss unser Barbar nun sein psychologisches Innangard verlassen und unbekanntes Territorium betreten. Was Konfliktpotential mit sich bringt. Das zeitweise Verlassen von Innangard kann von deinen Leuten unter Umständen als Fremdeln, ideologische Abweichung, als Fahnenflucht, schlimmstenfalls als Verrat, interpretiert werden.

Viel wahrscheinlicher ist jedoch, dass du aus Angst vor negativen Reaktionen deiner Leute gar nicht erst losziehst und für immer in eurem Innangard bleibst. Zuhause ist es eben gemütlich und sicher, und das gilt auch für unser inneres Zuhause.

Weiterentwicklung erfordert jedoch unbekannte Gefilde zu erkunden, sowohl in der äußeren als auch in der inneren Welt. Alte Weltkarten illustrierten unerforschtes Territorium oft mit Fabelwesen wie Seeschlangen und anderen Monstern und der lateinischen Inschrift *hic sunt dracones* - hier sind Drachen. Wenn du dich wirklich weiter entwickeln willst, musst du dich diesen Drachen stellen und auch dein dunkelstes inneres Territorium erkunden. Wir kommen im letzten Kapitel darauf zurück. Wie gehst du aber nun mit dem gerade angesprochenen Konfliktpotential um?

Wir schauen uns gleich noch ein hilfreiches psychologisches Werkzeug dazu an. Zunächst jedoch musst du dir und deinen Leuten klar machen, dass du für eine bessere gemeinsame Zukunft arbeitest. Dein Eroberungsfeldzug soll deinen Leuten genau so dienen wie dir selbst. Das ist Legitimation genug. Und du wirst Unterstützung brauchen. Und zurück geben wollen.

Du brauchst das nicht alles zu verbalisieren. Viel wichtiger ist, was du denkst. Wenn du innerlichen Widerstand spürst, neue Wege zu gehen, Innangard für eine Weile zu verlassen, frage dich warum.

Treue um Treue - deine Leute sollten auch zu dir halten, wenn du ab und an auf neuen Pfaden wandelst. Und das werden sie auch - wenn du selbst davon überzeugt bist, dass du das Richtige tust.

Was du jedoch nicht erwarten kannst ist besondere Anerkennung. Niemand ist dir zu Dank verpflichtet weil du an dir arbeitest und dich weiterentwickelst. Du arbeitest aus Selbstliebe an dir, weil du es dir wert bist. Nicht weil du dir Anerkennung und Lob von Dritten erhoffst.

13. Die Falle mangelnder Anerkennung

Aus *A More Complete Beast* kennen wir bereits die Falle des Ressentiments. Diese Falle besteht auch hier. Stell dir vor du arbeitest hart an dir, bringst Opfer, stellst dich den Drachen im unerforschten Territorium - und niemanden interessiert es. Wenn dein innerer Antrieb der Zuspruch Dritter ist, wird dein Motor hier ins Stottern geraten. Das Gefühl Lob und Anerkennung verdient zu haben, beides jedoch nicht zu bekommen, ist sicherlich eine typische Ursache für Ressentiment.

Rufen wir uns nochmal die Bedeutung des Begriffes Ressentiment in Erinnerung: *Heimlicher Groll, auf einem Gefühl der Unterlegenheit, Neid oder Vorurteilen basierend. Oft unbewusst. Beruhend auf einem Gefühl dauernder Ohnmacht gegenüber erlittenen Niederlagen oder persönlichem Zurückgesetztseins.*

Wenn du nun also insgeheim darauf wartest, dass deine Leistungen endlich mal gewürdigt werden, dann ist das zwar menschlich, aber gefährlich. Du machst dich damit von anderen Menschen abhängig - und die kannst du nicht kontrollieren.
Du musst dir selbst genug Anerkennung geben und unabhängig bleiben. Sobald du Ressentiment oder andere negative Gefühle zulässt, gibst du demjenigen, der diese Gefühle

in dir hervorruft, Macht über dich. Ermächtige dich selbst und kontrolliere deine Gefühle.

Du kannst andere Menschen nicht kontrollieren, aber du kannst dich kontrollieren. Viktor Frankl, österreichischer Psychiater, Auschwitz-Überlebender und Autor von *... trotzdem Ja zum Leben sagen: Ein Psychologe erlebt das Konzentrationslager* drückte das so aus:

"Zwischen Reiz und Reaktion liegt ein Raum. In diesem Raum liegt unsere Macht zur Wahl unserer Reaktion. In unserer Reaktion liegen unsere Entwicklung und unsere Freiheit.“

Wenn du Ressentiment oder andere negative Emotionen in dir spürst, hinterfrage woher diese Gefühle kommen.
Mach dir bewusst, dass du im Raum zwischen Reiz und Reaktion frei entscheiden kannst, wie du mit deinen negativen Gefühlen umgehst.

Die Falle mangelnder Anerkennung wird dir auf deinem Weg vorwärts begegnen. Es ist deine Entscheidung, ob du ihr auf den Leim gehst oder ihr geschickt ausweichst.

14. Thick Face, Black Heart

Sowohl für die Lösung der zu Beginn des Kapitels skizzierten Identitätskonflikte als auch für die Vermeidung der gerade beschriebenen Falle fügen wir unser psychologischen Werkzeugkiste jetzt zwei effektive Werkzeuge hinzu.

1. Einen Schild, der unser Selbstwertgefühl von der tatsächlichen oder gefühlten schlechten Meinung anderer schützt.

Dieser Schild ist das Thick Face in Chin-Ning Chu's Kriegerphilosophie Thick Face, Black Heart. Der Schild besteht aus *dickem Fell* und *Gesicht wahren.*

Wenn du sensibel gegenüber der Meinung Dritter über dich bist, wirst du immer wieder dein Handeln an eben diesen Meinungen ausrichten. Das ist manchmal richtig und manchmal falsch, je nachdem um wessen Meinung in welchem Kontext es geht. In Situationen, in denen du bezüglich der Fremdmeinungen verunsichert bist, aber rational betrachtet genau weisst, was zu tun ist, brauchst du die Fähigkeit, dich von Meinungen anderer zu schützen.

Du musst dein eigenes positives Selbstbild erschaffen und dich so von Fremdmeinungen unabhängig machen. Das Erschaffen und

Aufrechterhalten dieses positiven Selbstbildes aus eigener Kraft ist unser Schild.

2. Einen Speer, der alle Widerstände auf dem Weg zum Ziel durchdringt.
Dieser Speer ist das Black Heart in Chin-Ning Chu's Thick Face, Black Heart. Unser Speer ist die Fähigkeit, ohne Rücksicht auf Konsequenzen zu handeln.

Egal was du tun willst, irgendwann kommt der Punkt an dem du eine Entscheidung treffen und handeln musst. Oftmals wird es zu diesem Zeitpunkt noch Ungewissheiten geben, nicht alle Konsequenzen vollständig absehbar sein. Vor Entscheidung und Handlung genau zu überlegen und die Konsequenzen abzuwägen ist natürlich essentiell wichtig; Wenn du jedoch hundertprozentige Sicherheit willst, bevor du ins Handeln kommst, wirst du für immer auf der Couch bleiben.

Ein gewisses Restrisiko ungeplanter materieller oder sozialer Konsequenzen muss in Kauf genommen werden.

Natürlich kann es auch klar sichtbare negative Konsequenzen geben, die in der Abwägung jedoch unterliegen. Der Speer ist unsere Entschlusskraft und die Fähigkeit, sowohl bekannte als auch unbekannte Konsequenzen zu ignorieren.

Wie jede Waffe ist der Speer potentiell

gefährlich und in seiner letztlichen Wirkung vom verantwortlichen Einsatz durch seinen Nutzer abhängig. Schild und Speer sind die zwei Seiten der gleichen Medaille. Wer seinen Schild stark genug halten kann um sich vor Kritik und Ablehnung der Massen zu schützen, der kann auch seinen Speer durch die Vorurteile und Ignoranz der Massen stoßen.

Wer sich vor den Meinungen anderer schützt und ohne Rücksicht auf die Konsequenzen handeln kann, braucht seine Handlungen nur noch an Effektivität und Effizienz ausrichten.
Er muss keinem inneren oder äußeren Image gerecht werden. Er kann also so dominant oder submissiv sein, wie die Situation es erfordert.

15. Die Kraft der Submission

Dominanz erfordert aus dem Blickwinkel Effektivität und Effizienz wohl kaum Erläuterung. Aber warum ist es wichtig, auch ungehemmt die Kraft des Unterwerfens und Aufgebens nutzen zu können? Das lässt sich gut anhand der folgenden zwei Bilder erläutern:

Gras wird bereits von leichtem Wind gebeugt, während die starke Eiche ungerührt bleibt. Ein sehr starker Sturm kann die Eiche entwurzeln, aber kein noch so starker Orkan kann das Gras entwurzeln.

Affen sind leicht zu fangen. Man nimmt ein großes Glas, dessen Öffnung gerade groß genug ist, damit ein Affe seine Hand hinein stecken kann. Man füllt dieses Glas mit Steinen oder Blei, so schwer, dass der Affe es nicht mehr tragen kann. Den Rest des Glases füllt man mit Leckereien und verstreut auch einige um das Glas herum um den Affen anzulocken. Er wird kommen und seine Hand in das Glas stecken, um nach den Köstlichkeiten zu greifen. Seine geschlossene Faust wird aber nicht mehr durch die Öffnung passen und das Glas ist zu schwer. Wenn der Affenfänger kommt, müsste der Affe seine Beute loslassen um zu entkommen. Und genau das wird er nicht tun. Er ist nicht bereit, einen Teil aufzugeben um das Ganze zu bewahren.

Wenn wir zu stark an einem Selbstbild vom Kämpfer und Gewinner hängen, wird uns das eines Tages hemmen, die Kraft der Submission zu nutzen. Dein Selbstbild, dein inneres Image, sollte also eher das eines erfahrenen Generals als eines wilden Kämpfers sein.

Du kannst mit aller Härte zuschlagen wenn die Situation es erfordert, aber nicht jedes Problem ist ein Nagel und du hast mehr Werkzeuge als bloß einen Hammer.

16. Benutzung von Schild & Speer

Wie benutzt man also Schild und Speer? Indem du dich zuerst fragst, welche Rolle andere Menschen und deren angenommene Meinung über dich in deiner Entscheidungsfindung spielen. Wenn du aufgrund der angenommenen Meinung anderer über dich und deine Taten von deinem eigentlichen Kurs abweichst, frage dich, ob diese angenommenen Meinungen echte Konsequenzen haben können.
Falls nein, ist der Kurs klar.

The only way to succeed is to make people hate you.
- Josef von Sternberg

Falls ja, musst du rational abwägen, ob die Ertragschancen deines eigentlichen Kurses die Konsequenzen nicht wert sind und dich dann entscheiden.

Kommen wir nun zum Umgang mit Zweifel und Überforderung. Nachdem wir uns mit dem Fundament aus Identität und dem Umgang mit unserem Ego beschäftigt haben, kommen wir langsam ins Handeln.

Und alles Handeln bringt die Möglichkeit des Scheiterns mit sich. Wie also mit Zweifel und Überforderung umgehen?

17. Zweifel & Überforderung

Zweifel hindert uns ja meist schon daran zu beginnen, während Überforderung im Eifer des Gefechts entsteht. Schauen wir uns also zuerst den Umgang mit unseren Zweifeln anhand zweier Gedanken an.

Es gibt keinen Ausweg

Vor ein paar Tagen hatte ich ein interessantes Gespräch mit einer Freundin. Es ging im Kern darum, ob sich ihre ganze Anstrengung lohnt. Eine Frage die sich wahrscheinlich jeder mal gestellt hat, der sich im Leben anstrengt. Um so größer unsere Anstrengungen und Wagnisse, um so mehr drängt sich diese Frage auf. Warum tue ich mir das an? Lohnt sich das überhaupt? Warum kann ich nicht einfach das Leben genießen statt mir so einen Stress zu machen?

Um seine Ziele mit echter Überzeugung verfolgen zu können, bringt es nichts, diese Gedanken einfach bei Seite zu wischen. So lange alles gut läuft und sich Erfolge einstellen, ist es leicht am Ball zu bleiben. Erfolg motiviert zu mehr Erfolg. Aber in den Phasen, in denen wir nur noch arbeiten, uns anstrengen, kämpfen, ohne dass Erfolg sichtbar wird? Dann verschwindet die Motivation. Um jetzt weiterzukommen und dieses Tal der Finsternis zu durchschreiten brauchst du Disziplin. Stoische, kalte, harte Disziplin. Motivation kommt und geht, Disziplin bleibt. Aber du wirst nur aus zwei Gründen diszipliniert bleiben: Überzeugung und Angst vor der Alternative.

Wenn du nicht genau weisst, warum du dein Ziel verfolgst, wenn du nicht innerlich davon überzeugt bist, wirst du irgendwann aufgeben. Dein Disziplin-Muskel wird irgendwann erschöpft sein, wenn du ihn nicht immer wieder mit Sinn und Bedeutung, deinem Warum, fütterst.

Motivation ist unbeständig und unzuverlässig, Disziplin kann ewig halten - aber nicht bedingungslos. Wenn du den Sinn nicht mehr siehst, wenn du nicht mehr weisst, warum du diszipliniert sein sollst, wirst du es auch bald nicht mehr sein.

Dein Warum kann ja positiv formuliert sein, du willst Ziel X erreichen, weil dir das Y bringt. Du willst zu etwas hin, willst etwas erreichen. Dein Warum kann aber auch negativ formuliert sein. Du musst X weil sonst Y. Du machst weiter, um die Konsequenzen des Aufgebens zu vermeiden.

In welcher Situation rennst du schneller? Wenn du ein Wettrennen gewinnen kannst oder wenn ein hungriger Säbelzahntiger hinter dir her ist?

Die Chancen auf einen möglichen Gewinn

treiben nicht so sehr an wie die Angst vor einem schmerzhaften Verlust. Evolutionär gesehen auch total sinnvoll, überleben ist wichtiger als alles andere. Aber in unserer heutigen Welt ohne Säbelzahntiger geht es meistens gar nicht ums Überleben, sondern um den Arsch hoch kriegen oder auf der Couch bleiben.

Und um zu überleben muss hier keiner mehr aufstehen. Wer will, kann es sich auch in der sozialen Hängematte bequem machen und ganztags auf dem Sofa bleiben. Viel verlockender erscheint vielen aber eine vage Vorstellung von Normalität. Der "normale" Job, meinetwegen 40 Stunden die Woche, ein "normales" Gehalt, ansonsten kein Stress, keine weiteren großen Verpflichtungen, das Leben genießen. Darum ging es jedenfalls in dem zu Beginn besagten Gespräch. Anstatt mehrere Jobs und ein Studium zu jonglieren, und praktisch täglich das Heute für das Morgen zu opfern, ein bisschen weniger Stress, ein bisschen mehr "Normalität". Das Studium hinschmeißen, einen "normalen" Job annehmen und Fünfe gerade sein lassen.

Die Konsequenzen des Aufgebens wären also physisch definitiv nicht tödlich. Sind sie hier und heute ja praktisch nie. Wir geben ja wegen Ängsten auf, nicht weil uns physisch jemand an irendwas gehindert hat.

Die Geschäftsidee, die du aus Angst vor

finanziellen Risiken nicht umgesetzt hast.

Den Flirt, den du aus Angst vor Zurückweisung nicht gewagt hast.

Die Verantwortung, die du aus Angst zu versagen nicht übernommen hast.

Da hindert dich niemand körperlich dran, das machst du mit deinen Gedanken schon selbst.

Was wäre also die Alternative zum Durchhalten, zum weiter durch Studium und Mini-Jobs quälen? Was wären die Konsequenzen des Aufgebens? Auf jeden Fall nicht "Normalität". Normal sind immer nur die anderen. Deine persönliche Geschichte mit all Ihren Ecken und Kanten wird immer bleiben. Eine Konsequenz wäre, jemand zu werden, der aufgibt. Wie willst du dich in 5 Jahren sehen, wenn Stress und Anstrengung von heute lange vergessen sind? Als jemand der durchzieht oder jemand der aufgibt?

Jedes mal wenn du aufgibst, machst du Aufgeben für dich normaler, erhöhst die Wahrscheinlichkeit, in Zukunft wieder aufzugeben. Willst du das? Aber vielleicht noch wichtiger:
Aufgeben lohnt sich einfach nicht. Wir fragen uns ob sich etwas lohnt für gewöhnlich nur in Bezug auf Anstrengungen und Wagnisse. Setzen den erwarteten Gewinn an Geld, Glück, Freiheit ins Verhältnis zum Einsatz an Mühe,

Zeit, Geld usw. Nach dieser Logik würde uns Aufgeben einfach zurück zu Null bringen. Kein Einsatz, kein erwarteter Gewinn. Zurück auf Start, zurück zu "Normal".

Dieses "Normal", dieser neutrale Startpunkt, ist aber leider eine Illusion. In dem Moment, in dem du aufgibst und deine eigene Agenda nicht mehr verfolgst, wirst du Teil der Agenda eines anderen. Du wirst immer noch Stress haben, du wirst immer noch arbeiten müssen, du wirst immer noch Dinge tun müssen, die du eigentlich nicht willst. Aber jetzt nur noch für dein ach so normales Gehalt in deinem ach so normalen Job um dein ach so normales Leben aufrecht zu erhalten. Und die Zeit, die du durch dein Aufgeben gewonnen hast, wirst du nur selten genießen können. Meistens wirst du die gewonnene Zeit mit Grübeln und Sorgen verbringen oder dich mit Konsum aller Art davon ablenken. Das ist die Konsequenz von Aufgeben. Aufgeben lohnt sich nicht, du kannst nichts gewinnen.

Du kommst durchs Aufgeben nur wieder zurück an den Punkt, an dem du feststellst, dass das nicht alles gewesen sein kann und du etwas tun solltest. Aber jetzt ein Stück mehr verunsichert, da du ja weisst, dass du jemand bist der aufgibt, wenn es schwer wird.
Also mach dir bewusst, dass es keinen Ausweg gibt.

Der Kampf namens Leben muss gekämpft

werden. Dein Hirn, dein Herz, all deine Organe und dein Verstand werden immer arbeiten müssen. Und es wird immer auch negative Emotionen geben, es wird immer Dinge geben, die du tun musst, aber nicht tun willst, es wird immer Probleme geben. Du kannst lediglich die Qualität deiner Probleme verbessern.

Es gibt kein stress- und sorgenfreies Normal. Lauf dieser Illusion nicht hinter her. Statt dessen tue was zu tun ist. Und wenn Stress und Anstrengung zu groß werden, akzeptiere das, lass dich nicht davon stressen, dass du gestresst bist, und ergreife kühl und rational Maßnahmen um dein Stresslevel zu reduzieren. Was meistens bedeutet, sich Überblick zu verschaffen, dann zu priorisieren, die aktuell wichtigste Aufgabe zu fokussieren, alles andere was gerade an deiner Aufmerksamkeit zehrt konsequent zu ignorieren und mit stoischer Gleichgültigkeit zu tun, was jetzt zu tun ist.

Im Zweifel Angriff

Sowohl im Geschäfts- als auch im Privatleben muss man Nein sagen können.
Wenn ich immer zu allem Ja sage, habe ich schnell so viele Zusagen gemacht, dass ich sie kaum noch halten kann. Außerdem ist das Ja eines Menschen, der immer Ja sagt, ökonomisch gesehen weniger wert, als das Ja eines Menschen, der nur manchmal Ja sagt.

Aber weg von Theorie und ganz pragmatisch gesehen, wie willst du deine eigene Agenda verfolgen, wenn du zu jeder Anfrage, zu jedem Angebot, Ja sagst? Wir müssen also Nein sagen können. Die Kunst besteht natürlich darin, zu wissen, wann man Nein und wann man Ja sagen sollte. Einerseits müssen wir unsere eigene Zeit und Aufmerksamkeit schützen, andererseits müssen wir uns auch auf genug Neues einlassen, um weiter zu kommen. Ein Balanceakt.

Zwei dabei hilfreiche Fragen: Will ich das wirklich oder sage ich nur aus Bequemlichkeit Ja, weil mir ein Nein unangenehm ist? Falls ich zu einem Nein tendiere, liegt das vielleicht in Wahrheit daran, dass ich mich innerlich heraus rede?

Wie ist das gemeint? Aus Bequemlichkeit Ja sagen kennt jeder. Und wie meist wenn man etwas aus Bequemlichkeit tut, bringt es Probleme mit sich. Manchmal ist ein Nein verdammt wichtig und kann schlechte Entwicklungen bremsen oder verhindern.

Beispiel: In deinem Job wird eine neue Regel aufgestellt. Du weisst, dass die Regel Schwachsinn ist. Aus Bequemlichkeit sagst du das deinem Chef aber nicht und akzeptierst die neue Regel. Natürlich mit innerlichem Widerwillen, den du aber mit Groll hinunter schluckst. Jetzt bist du mitverantwortlich und musst eine schwachsinnige Regel einhalten. Ein klares Nein, gleich am Anfang, hätte das vielleicht verhindern können. Vielleicht auch nicht, aber dann hättest du wenigstens ein reines Gewissen.

Immer wenn wir Ja zu etwas sagen, eine Bitte, einen Befehl, eine Anweisung, eine Regel, eine Empfehlung, annehmen, dann übernehmen wir Mitverantwortung dafür.

Und Bequemlichkeit ist ein beschissener Grund, um Verantwortung zu übernehmen. Manchmal ist also ein gut überlegtes und standhaftes Nein wichtig. Das ist manchmal gegenüber uns selbst, aber meistens gegenüber Dritten der Fall.

Anders verhält es sich mit dem Ja. Wie oft sagen wir aus Bequemlichkeit Nein zu uns selbst? Nein zu neuen Herausforderungen, Nein zu Veränderungen, Nein zu Chancen. Zum Chef immer brav Ja sagen, aber zu sich selbst Nein. Warum ist das so? Verantwortung. Wenn ich zu Autoritäten Ja sage, kann ich mich immer rausreden und alles auf die Autorität, auf den Chef, auf den Staat, schieben. Die oben angesprochene Mitverantwortung des Ja wird unter den Teppich gekehrt.

Anders aber, wenn du von dir aus etwas unternimmst. Wenn dir das keiner gesagt hat, wenn du das ganz von dir aus machst. Dann bist du allein verantwortlich und kannst dich nicht rausreden.
Deswegen ist es so leicht, im Arbeitsleben zu

funktionieren und privat auf der Couch zu vergammeln.

Die Antwort darauf ist offensichtlich: Du musst dich innerlich zu deinem eigenen Chef machen, deine eigene Autorität werden.

Wenn du das geschafft hast und von der Couch ins Leben gefunden hast, wirst du immer wieder an den Punkt kommen, wo du eine Idee hast, etwas machen könntest, dir aber nicht sicher bist, ob du es wirklich tun solltest.

Natürlich werden da im Laufe der Zeit auch Dinge dabei sein, die du wirklich nicht tun solltest. Aber bei allem, was aus Eigeninitiative kommt, ist es leichter Nein als Ja zu sagen. Mach dir das immer wieder bewusst und gehe im Zweifel davon aus, dass du lediglich dein Nein rationalisierst. Du willst es nicht tun, weil es sich unangenehm anfühlt. Also rechtfertigst du dein Nein. Besonders gerne mit "Das bringt doch eh nichts".
Wenn ich etwas erfolgreich für sinnlos erklärt habe, dann brauche ich es nicht mehr probieren, mich nicht mehr anstrengen. Und kann mich wieder gemütlich in meinem Ressentiment auf der Couch einrichten.

Deswegen: Im Zweifel Angriff. Wenn du dir nicht sicher bist, mach es. Weil die Wahrscheinlichkeit hoch ist, dass der Grund für dein Zögern bloß Bequemlichkeit ist. Wenn du im Zweifel angreifst, gibst du dir im Laufe der Zeit viel mehr Chancen zu gewinnen. Und du wirst viel schneller dazu lernen, auch und gerade wenn es mal schief geht. Vom Sofa aus kannst du nur anderen dabei zugucken.

Bist du Zuschauer im Leben oder spielst du selbst?

Wenn du dann deine Zweifel überwunden hast, es endlich vom Sofa ins Leben geschafft hast und ins Handeln gekommen bist, fangen die pragmatischeren Probleme an.

18. Die Kunst der Entscheidung

Wenn Produktivität gleich Zeit mal Fokus ist, müssen wir sowohl unsere Zeit als auch unseren Fokus im Griff haben, um die gewünschten Ergebnisse zu produzieren.

Gleichzeitig gilt, dass jede Handlung Opportunitätskosten hat.

Sprich, wenn ich meinen Fokus auf Aufgabe A richte, kann ich nicht gleichzeitig Aufgabe B fokussieren; wenn ich Person A zuhöre, kann ich nicht gleichzeitig Person B zuhören; wenn ich meine Zeit in Interesse A investiere, kann ich diese Zeit nicht mehr in Interesse B investieren und so weiter.

Wir müssen uns also entscheiden. Aber wie und wofür? Ein riesiges Thema, über das schon viel geschrieben wurde. Im Kern läuft es immer wieder auf das Pareto-Prinzip nach Vilfredo Pareto und Price's Law nach Derek J. de Solla Price hinaus.

Das Pareto-Prinzip besagt, dass 80% des Gesamtergebnis mit 20% des Gesamtaufwands erreicht werden.
Und dass 20% der Menschen 80% des Reichtums haben. Und dass 20% der Männer 80% der Frauen verführen. Und so weiter.
Oft ist die Ungleichverteilung auch extremer, z.B. 95% zu 5%.

Price's Law besagt, dass 50% der Arbeit von der Quadratwurzel der Beteiligten bewältigt wird. Also das 10 von 100 Arbeitern 50 % des Gesamtergebnisses erarbeiten. Wieder extreme Ungleichverteilung.

Noch ein Beispiel für extreme Ungleichverteilung aus der Natur: Laut Forschern der Utah State University stellen die größten 1% der Bäume in älteren Wäldern 50% der weltweiten Wald-Biomasse.

In unserer Welt, in der diese Gesetzmäßigkeiten bestehen, ist es also äußerst wichtig, **was** du tust.

Du kannst mit 20% Arbeit 80% deines Ziels erreichen.
Du kannst so effizient sein, dass du 50% der Leistung eines zehnköpfigen Teams erbringst.

Die Bedeutung dieser Erkenntnisse kann man vermutlich gar nicht genug betonen.
Zumal diese Prinzipien für jede Minute deiner Lebenszeit gelten.

19. Kriegsnebel

Wie du deine Zeit und deine Aufmerksamkeit investierst, ist also absolut kriegsentscheidend. Dennoch, oder gerade deswegen, wirst du auf deinem Weg vorwärts immer wieder mit dem Gefühl der Überforderung zu kämpfen haben. Wenn du so viel zu tun hast, dass du nicht mehr weisst, wo du anfangen sollst.

Jeder Feldzug zur Vergrößerung deines Fürstentums wird an vielen Fronten gleichzeitig gekämpft. Geschäftspartner, Verkäufer, Makler, Mieter, Behörden, alle können und werden irgendwann Probleme machen. Während dein Alltag ja nicht auf dich wartet. Deine Verpflichtungen gegenüber Familie und Stamm bleiben und du musst dich weiterhin körperlich und geistig fit halten. Dazu können unvorhergesehene Notfälle bei dir selbst oder bei deinen Leuten kommen.

Das alles zusammen verbindet sich manchmal zu einer dunklen Nebelwand, die dir alles Licht nimmt und dir das Gefühl von Überforderung und Überwältigung gibt. Wie damit umgehen?

Das lähmende Gefühl der Überwältigung entsteht durch den Verbund all der kleinen Aufgaben und Probleme. Jede einzelne Herausforderung für sich genommen wäre leicht zu meistern, aber alle gleichzeitig und zusammen erscheinen übermächtig.

Die Lösung liegt darin, sich bewusst zu machen dass deine Wahrnehmung das Problem ist, nicht die Dinge selbst. Deine Wahrnehmung verbindet all die verschiedenen Gefechte an allen Fronten zu dem finsteren Kriegsnebel, der deinen Angriffsschwung erdrückt.

In Wahrheit sind es aber alles einzelne Probleme, die man isolieren und einzeln zerschmettern kann.

Wenn man sich in der Geschichte kriegerische Auseinandersetzungen anguckt, in denen sich zahlenmäßig unterlegene Parteien gegen übermächtige Gegner durchgesetzt haben, geschah das meist nicht in einer großen Entscheidungsschlacht, sondern durch Guerilla-Kriegsführung, in der die kleine Streitmacht die große Streitmacht nie gesammelt, sondern immer kleinteilig und möglichst isoliert dezimiert hat.

Genau so müssen wir mit unseren vielen kleinen Aufgaben, Herausforderungen und Schwierigkeiten umgehen. Aus dem Kriegsnebel herauslösen, isolieren und vernichten. Ein wichtiges Werkzeug dazu ist dein Kriegstagebuch. Wir kommen im vorletzten Kapitel darauf zurück. Wenden wir uns jetzt einem anderem, einem psychologischen, Werkzeug zu.

20. Das Aristokratische Rad

Das Aristokratische Rad ist der Generalschlüssel unter den psychologischen Werkzeugen, die Atombombe der inneren Kriegsführung. Es besteht aus Nietzsches Aristokratischer Wertgleichung und 8 Speichen. Die Darstellung als achtspeichiges Rad ist an das buddhistische Dharmachakra und den heidnischen Jahreskreis angelehnt und soll uns dazu dienen, zentrales Wissen über den Weg vom Barbar zum Fürst immer wieder vor unser inneres Auge rufen zu können.

Das Aristokratische Rad ist das schwarze Steuerrad unserer mentalen Freibeuterflotte und gemeinsam mit dem Kriegstagebuch wichtigstes Navigationswerkzeug im Ozean unserer Gedanken und Emotionen. Es ist das Rad der Selbstermächtigung. Wie alle Symbole muss es mit Bedeutung geladen werden, bevor es genutzt werden kann.

Der äußere Ring, der Radkranz, der die acht Speichen zusammenhält, ist die Aristokratische Wertgleichung:

gut=vornehm=mächtig=schön=glücklich=gottgeliebt

Der Fürst ist gut, weil er vornehm ist. Er ist vornehm, weil er mächtig ist. Er ist mächtig weil er schön ist. Er ist schön, weil er glücklich ist. Er ist glücklich, weil er gottgeliebt ist. Er ist gottgeliebt, weil er gut ist. Weil er mächtig ist, ist er schön. Er ist gut, weil er mächtig ist und mächtig weil er gut ist.

Dieser Zirkelbezug der Selbstbestätigung hängt eng damit zusammen, was Friedrich Nietzsche Herrenmoral, Sklavenmoral und Umwertung aller Werte nannte. Jack Donovan beschäftigt sich in *A More Complete Beast* mit den drei Begriffen. Derzeit, im Februar 2019, ist eine Rede mit gleichem Titel von ihm bei YouTube zu sehen.

Wie lautet wohl die Wertgleichung des Normalbürgers? Sicherlich ist sie unbewusst, und garantiert würde sie außer "gut" keins der aristokratischen Adjektive beinhalten. Vielleicht lautet sie:
gut = nett = zufrieden = friedlich = selbstlos = normal

Das soll nicht implizieren, dass unser Fürst nie nett, zufrieden, friedlich, oder selbstlos sein darf. Aber das beide Wertgleichungen völlig unterschiedliche Lebenswege vorzeichnen dürfte klar sein.

Die Aristokratische Wertgleichung ist ein psychologisches Werkzeug, um Selbstzweifel zu überwinden und ins Handeln zu kommen. Ohne noble Taten sind die sechs Wörter nur leere Hülsen.
Aristokratie bedeutet Bestherrschaft - und zum

Besten wird man durch Taten.

Qui plus fait, mieux vault.

- Geoffroi de Charny

Wer mehr tut, ist mehr wert.

Das impliziert natürlich, dass Menschen ungleich sind. Wenn du das nicht wahrhaben willst, solltest du dieses Buch jetzt verschenken. An jemanden mit dem Willen zur Leistung.

Wie zu Beginn dieses Kapitels bereits angesprochen sind unsere Taten, unsere äußere Kriegsführung, von unseren Gedanken, unserer inneren Kriegsführung, abhängig. Wie willst du dich auf Dauer gut verhalten, wenn du dich dauernd schlecht fühlst?
Warum solltest du kämpfen, wenn du nicht fühlst, dass du den Sieg wert bist?
Warum leben, wenn du dir nicht ein gutes Leben wert bist? Ambition erfordert Selbstwertgefühl.

Wenn dein Selbstwertgefühl zu klein für deine Ziele ist, wirst du dich unbewusst selbst sabotieren. Du musst davon überzeugt sein, dass du das Erreichen deiner Ziele wert bist. Gleichzeitig gilt, dass du deine Psyche nicht betrügen kannst. Du kannst dich nicht davon überzeugen, dass du gut, vornehm, mächtig, schön und glücklich bist und von deinen

Göttern oder dem Schicksal geliebt wirst, wenn deine Taten das nicht demonstrieren.

Und die Götter lieben dich garantiert nicht, wenn du dich in Jogginghose mit Chipskrümeln übersät auf dem Sofa sitzend an deinem Controller festhältst. Die Götter lieben dich, wenn du dein Potential erfüllst - nicht wenn du dich vor ihm versteckst.

Keine guten Taten ohne gutes Selbstwertgefühl, kein gutes Selbstwertgefühl ohne gute Taten. Also wie anfangen?

Indem du dir dein Potential klar machst. Deine Taten demonstrieren vielleicht heute noch nicht, wie gut du bist, aber sie werden es. Dein Selbstbild entspricht vielleicht heute noch nicht der Aristokratischen Wertgleichung, aber bald wird es.

Betrachte die Aristokratische Wertgleichung als Zielbild deines Selbstwertgefühls. Wenn du den Weg vom Barbar zum Fürst gehst, wirst du dich eines Tages wahrhaftig gut, vornehm, mächtig, schön, glücklich und gottgeliebt fühlen. Was nicht bedeutet, dass du trunken vor Glücksgefühlen durch die Welt taumelst.
Sondern dass du eine tiefe innere Gelassenheit empfindest, die dir so sicher wie der Tod sagt, dass du alles schaffen kannst.

Ich vermute, dass insbesondere die Wörter "vornehm" und "mächtig" in der Wertgleichung bei Einigen negative Assoziationen wecken. Vornehm klingt arrogant und mächtig klingt korrumpiert.

Arroganz und Machtmissbrauch sind Schwächen, Ausdruck eines inneren Mangels an Selbstwertgefühl und Integrität. Der Fürst ist jedoch nicht schwach - sondern stark. Ihm mangelt es auch nicht an Selbstwertgefühl und seine Integrität ist unangefochten. Die acht Speichen machen aus dem Radkranz der aristokratischen Wertgleichung ein vollständiges, stabiles Rad - dass sich nicht von Charakterschwächen von seiner Laufrichtung abbringen lässt.

21. Die acht Speichen

Gucken wir uns also jetzt die acht Speichen des Rades an, um zu verstehen, was aus dem Radkranz der Wertgleichung ein vollständiges Rad macht.

Die acht Speichen des Aristokratischen Rades:

- Schild & Speer
- Todesgewärtigkeit
- Noblesse Oblige
- Kraft
- Mut
- Kompetenz
- Ehre
- Kreativität

Fünf der acht Speichen sind Werte, die Jack Donovan in seinen Büchern behandelt hat. **Kraft, Mut, Kompetenz und Ehre** sind die 4 Tactical Virtues, die Donovan im *Weg der Männer* als die kulturübergreifenden Grundpfeiler von Männlichkeit herausgearbeitet hat. Kraft, Mut und Kompetenz kann jeder Mann für sich allein entwickeln, aber Ehre kann es nur in Bezug auf ein Über-Ego, eine Ehrengruppe, deine Gang, deinen Clan, deine Familie, deine Sippe, deinen Stamm, geben. Siehe *Becoming A Barbarian.*

Kreativität ist die Antwort auf Ressentiment. Anstatt sich auf das Schlechte in der Welt zu konzentrieren und voller Groll zur

Verschlimmerung beizutragen, ignoriert der aristokratische Geist das Schlechte in der Welt und konzentriert seine Energie auf die Erschaffung seiner besseren Welt. *A More Complete Beast* behandelt die psychologische Seite dieses Themas ausführlich, gibt jedoch keine Antwort auf die Frage, was man erschaffen könnte. Eine mögliche Antwort ist der Weg vom Barbar zum Fürst.

Noblesse Oblige ist die Idee, dass Adel verpflichtet. Um so höher du in der sozialen Hierarchie steigst, um so höher steigen die Anforderungen an dich. Totale Freiheit bedeutet totale Eigenverantwortung - und Macht bedeutet Verantwortung über sich selbst hinaus. Der Fürst ist seinem Fürstentum verpflichtet, nicht seinen Impulsen und Trieben. Das bedeutet nicht, dass er gut ist, wenn er seine Wünsche negiert - das wäre Sklavenmoral. Das bedeutet statt dessen, dass er immer wieder zwischen unmittelbarer Wunschbefriedigung und Fürsorge für sein Fürstentum entscheiden muss. Und die entsprechenden Konsequenzen tragen muss. Und eben wegen diesen Konsequenzen ist es im Eigeninteresse des Fürsten, gute Beziehungen zu den Menschen in seinem Einflussbereich zu haben. Beziehungen, die von gegenseitigem Respekt geprägt sind. Arroganz ist würdelos und reflexiv, ein Zeichen von innerer Schwäche.

Der aristokratische Geist ist Sonne, nicht

Spiegel. Und wer von innen strahlt, braucht niemandem seine Überlegenheit demonstrieren. Die Neigung zu hochnäsigem Verhalten entspringt Unsicherheit und dem Bedürfnis, sein Selbstwertgefühl durch die Herabsetzung anderer zu steigern. Das ist weder vornehm noch nützlich. Vornehm, ehrenhaft und nützlich ist es hingegen, das Selbstwertgefühl aller durch gemeinsame Erfolge zu steigern. Der Fürst will gemeinsam mit seinen Leuten gewinnen - nicht andere herabsetzen um seine relative Position zu verbessern. Noblesse Oblige ist die ewigwährende Verpflichtung, die Dinge besser zu machen. Gemeinsam mit seinen Leuten an der Besserung des Seins zu arbeiten - auch wenn alle anderen aufgeben wollen. Noblesse Oblige ist die Pflicht, das fürstliche Banner hochzuhalten und die Truppen siegreich durch die Schlacht zu führen.

Todesgewärtigkeit lässt sich vielleicht am besten so zusammenfassen: Wer lernt zu sterben, verlernt Sklave zu sein. Wer todesgewärtig ist, hat die schwarze Pille seiner Sterblichkeit geschluckt und seinen Frieden mit dem Tod gemacht. Und wer keine Angst mehr vor dem Tod hat, braucht vor nichts mehr Angst haben.

Gleichzeitig bedeutet sich seines unausweichlichen Todes gewahr zu sein Dringlichkeit - wenn jeder Tag mein letzter sein könnte, um meine Vor- und Nachfahren stolz zu machen, habe ich allen Grund heute zu handeln - und kein Recht, die Dinge aufzuschieben. Im letzten Kapitel, Memento Mori, beschäftigen wir uns noch weiter mit dem Thema.

Schild & Speer fassen Ideen und Konzepte aus Thick Face, Black Heart zusammen, mit denen wir uns bereits beschäftigt haben. Der Schild schützt dich vor der Kritik und den Meinungen anderer, der Speer ermöglicht dir wenn nötig ohne Rücksicht auf die Konsequenzen zu handeln.

In der nordischen Mythologie leben am Fuß des Weltenbaumes die drei Schicksalsfrauen Urd, Verdandi und Skuld, die man Nornen nennt. Aus Vergangenheit, Gegenwart und Zukunft spinnen sie die Schicksale der Menschen und Götter. Drehe das Aristokratische Rad der Selbstermächtigung und die Nornen werden den Schicksalsfaden zu deinen Gunsten spinnen. Deine Fehltritte werden im Nebel der Vergangenheit vergessen, deine Taten im Jetzt werden jeden Selbstzweifel lächerlich erscheinen lassen und deine Zukunft wird dich mit offenen Armen empfangen.

22. Allgemeine Weltsicht

Mit unserer inneren Welt und wie wir sie meistern können, haben wir uns ausführlich beschäftigt. Bevor wir im nächsten Kapitel zur äußeren Kriegsführung kommen nun noch etwas zu unserer inneren Perspektive auf die äußere Welt. Unsere allgemeine Weltsicht ist wichtig, weil sie den Rahmen für all unsere Gedanken und Handlungen formt.

Ich glaube, dass viele Menschen unbewusst der Vorstellung eines Idealzustandes der Welt anhängen. Die Welt befindet sich jedoch in ewigem Wandel und wird nie einen bestimmten Zustand dauerhaft halten. Es kann nur eine ideale Weltsicht, aber nie einen finalen Idealzustand der Welt geben. Es gibt keine Heile Welt, sondern nur ewige Veränderung.

Teil des fortwährenden Wandels ist unser Leben und Sterben. Innerhalb dieser Zeitspanne von unserer Geburt bis zu unserem Tod kann es uns gelingen, eine Heile Innere Welt zu erschaffen.

Die Äußere Welt hingegen wird nie heile sein. Sie ist ein ewiger Zyklus von Jahreszeiten, Geburt und Tod, Erblühen und Vergehen, Ebbe und Flut, Nacht und Tag, Aufstieg und Untergang, Expansion und Zusammenbruch. Es gibt also keinen Grund, auf eine kommende

Welt zu warten oder einer vergangenen Welt hinterher zu trauern. Es gibt immer nur das Jetzt.

Und damit wir uns auf dieses Jetzt konzentrieren und effektiv handeln können, müssen wir unseren Geist von Ablenkung und Sorge befreien. Der aristokratische Geist ist Sonne statt Spiegel - Sorge und Ablenkung sind Wolken und Nebel, die seine Strahlkraft verdecken.
Um Nebel und Wolken beiseite zu schieben musst du lernen, mit negativen externen Einflüssen umzugehen.

Der erste Schritt ist, deine tägliche Dosis an Nachrichten, Tratsch und Zeitgeschehen möglichst stark zu reduzieren. Es wird aber ab und an geschehen, dass beunruhigende Neuigkeiten trotz deines Filters zu dir vordringen, deine Aufmerksamkeit erlangen und so deine kreative Energie schmälern. An diesem Punkt ist es für Ignorieren meist zu spät - wenn du dir über etwas wirklich Sorgen machst und du drängst deine Gedanken mit Willenskraft davon ab, so wird dein Inneres Auge Selbstbetrug sehen. Du kannst deine Psyche nicht betrügen - stell dich dem Thema lieber gleich anstatt wegzulaufen.

Wie also mit Themen umgehen, die uns Sorge bereiten? Wie stellen wir uns der Angst und lösen sie auf? Vor allem, indem wir unsere Wahrnehmung und Interpretation der Dinge

hinterfragen. Es sind nicht die Dinge oder Themen selbst, die uns Sorge bereiten, sondern unsere Interpretationen selbiger.
Nochmal Viktor Frankl: *Zwischen Reiz und Reaktion liegt ein Raum. In diesem Raum liegt unsere Macht zur Wahl unserer Reaktion. In unserer Reaktion liegen unsere Entwicklung und unsere Freiheit.*

Um diesen Raum zu finden und unsere Reaktion eigenmächtig wählen zu können, helfen zwei Gedanken.

Erstens, uns die Welt als Kreislauf, als ewigen Zyklus, ewige Wiederkunft, statt als linearen Zeitablauf vorzustellen.

Zweitens, deine Innenwelt an radikalem Pragmatismus auszurichten - die Schwarze Pille zu schlucken.
Schauen wir uns nun beide Gedanken genauer an, bevor wir dann von der inneren zur äußeren Kriegsführung wechseln.

23. Ewige Wiederkunft

Die Krise kommt. Die Wirtschaftskrise. Die Klimakrise. Die soziale Krise. Die Alles-Krise.

Die Vorstellung, dass es mit der Welt bergab geht, ist so alt wie die Menschheit. Die Idee des Weltuntergangs scheint tief in der menschlichen Psyche verwurzelt zu sein. In der Bibel kommt die Flut. In der Edda fallen die Götter und Surt verbrennt die Welt.

Ich glaube, das Gefühl vom Ende der Welt haben viele Generationen kennen gelernt. Zu Zeiten der Pest, des schwarzen Todes. Während des dreißigjährigen Krieges. In den Schützengräben der Weltkriege. In den zahllosen Gulags, KZs und Killing Fields des 20. Jahrhunderts.

Beruflich beschäftige ich mich immer wieder mit der voraussichtlichen Wirtschaftsentwicklung. Was leider unentwirrbar mit Politik und Zeitgeist verknotet ist. In letzter Zeit haben vor allem die Vorträge von Markus Krall Eindruck bei mir hinterlassen. Er, und einige andere wie z.B. Daniel Stelter und Max Otte, sehen große Krisen auf uns zukommen. Ich persönlich teile deren Einschätzung.

Die Geschichte hat kein Ende. Und die Menschheitsgeschichte ist ein ewiges Auf und

Ab, ein ewiger Kreislauf von Leben und Sterben, Expansion und Zusammenbruch, Aufbau und Untergang. Schwere Krisen sind so normal wie Geburt und Tod.

Es gibt keinen Grund Angst davor zu haben. Das Rad des Seins dreht sich. Wir erschaffen neues Leben und wir sterben. Und auf den Winter folgt der Frühling. Auf die tiefste Nacht folgt der Sonnenaufgang. Auch die kommenden Krisen und radikalen Veränderungen werden vorüber gehen. Alles wird vorüber gehen. Und wieder erneut beginnen.

Aber unsere Zeit ist jetzt. Ich lebe jetzt, ich kämpfe jetzt, und eines Tages werde ich im Jetzt sterben.

Es gibt keinen Grund zu warten. Es gibt allen Grund zu handeln.

Baldur sieht den Tod auf sich und seine Lieben zukommen. Der Weltenbrand vernichtet alles Leben und selbst der Weltenbaum steht in Flammen. Aber er überlebt. Sein Inneres bleibt immergrün und neues Leben erblüht.

Das Ende ist erst der Anfang.

24. Die Schwarze Pille

Im Filmklassiker Matrix wird Neo zu Beginn vor die Wahl gestellt, ob er weiter in der Matrix schlafen oder aufwachen will. Die Blaue Pille für weiteren Schlaf in der Matrix, die Rote Pille fürs Erwachen in der Realität. Seitdem haben sich die beiden Pillen in der Internetkultur als Begriffe etabliert, die analog ihres Ursprunges ungefähr folgende Bedeutung haben:

Die Blaue Pille: Glaube an die heile Welt, Hollywood, die Mainstream-Kultur und deren implizite Werte; glauben, was man glauben soll;

Die Rote Pille: Der Blick hinter den Vorhang, Erkennen der tatsächlichen Mechanismen und Strukturen hinter der Fassade;

Die Rote Pille, das Erwachen, bringt oft den Drang nach Veränderung mit sich. Wer die Mechanik hinter dem Vorhang erkannt hat, möchte sie oftmals ändern oder nutzen. Aber nur weil du etwas verstanden hast, heißt das noch lange nicht, dass du es ändern kannst. Die Mechanik hinter dem Vorhang bleibt wie sie ist, unabhängig von deinem Verstehen.

Die Schwaze Pille ist die radikale Akzeptanz der Tatsache, dass es keine persönliche Lösung für systemische Probleme gibt; die Einsicht, dass dein Blick hinter den Vorhang nichts

ändert. Daran ist nichts nihilistisch oder pessimistisch. Die schwarze Pille zu nehmen bedeutet radikalen Pragmatismus; Konsequent zwischen dem Unnützlichem und dem Nützlichem, dem Unbeeinflussbarem und dem Beeinflussbarem, zu unterscheiden.
Wenn du konsequent die Dinge ignorierst, die dir weder nützlich sind noch sich von dir beeinflussen lassen, bleibt dir viel mehr Energie und Zeit für die Dinge, die wirklich von Bedeutung sind.

Ein gutes Beispiel ist die Dynamik zwischen den Geschlechtern. Du kannst die menschliche Natur und die Interessen und Verhaltensmuster von Mann und Frau zwar verstehen, aber nicht ändern. Du kannst dein Verständnis der Geschlechterdynamik definitiv für dich und deine Beziehungen nutzen, aber du kannst sie nicht ändern. Also reg dich nicht drüber auf.

Ein weiteres gutes Beispiel ist das mediale Tagesgeschehen und unsere Fassadendemokratie. Jeden Tag wird unendlich viel Content mit politischem oder gesellschaftlichem Bezug auf die Menschheit losgelassen. Jede Minute Aufmerksamkeit, die du diesem Zirkus schenkst, fehlt dir zum Erreichen deiner eigenen Ziele. Sobald du diesen Content konsumierst, bist du im Frame derer, die ihn kreiert haben und läufst Gefahr, dich immer weiter im Netz der Aufmerksamkeitsfischer zu verheddern.

Nehmen wir einmal an, du liest einen Artikel über angebliche soziale Ungerechtigkeiten. Regst dich drüber auf. Liest mehr zum Thema, ein Klick führt zum nächsten. Die Zeit verfliegt. Du buddelst dich tiefer in dein Loch, siehst immer mehr Ungerechtigkeiten, entwickelst mehr und mehr Ressentiment. Erkennst immer klarer, dass die Starken machen was sie wollen und die Schwachen erleiden was sie müssen. Eine Tatsache seit Anbeginn der Zeit, an der niemand etwas ändern kann und die bloß immer neue Erscheinungsformen hat. Nachrichten und Berichterstattung über Politik und Gesellschaft handeln letztendlich vom Spiel zwischen den Mächtigen und den Ohnmächtigen.

Wenn du weisst, auf welcher Seite du stehen möchtest, warum verschwendest du dann deine Ressourcen auf die Meinung anderer zum täglichen Klein-Klein dieser Grabenkämpfe?

Das macht nur Sinn, wenn du die Hoffnung hast, dass sich etwas daran ändert oder du Nutzen daraus ziehen kannst.

Hoffnung ist ja ein sehr positiv besetzter Begriff, es gibt jedoch ein Problem mit ihr: So lange du Hoffnung hast, machst du weiter - im Guten wie im Schlechten. Wenn du dich rational und klug verhältst und deine Hoffnung, dass sich das lohnt, dich motiviert auch gegen Widerstände weiter an deinem rationalen und klugen Verhalten festzuhalten - dann ist Hoffnung nützlich und gut.

Wenn du dich irrational und dumm verhältst und deine Hoffnung, dass es schon irgendwie gut gehen wird, es dir erlaubt dein irrationales und dummes Verhalten fortzusetzen - dann ist Hoffnung unnütz und schlecht.

Zeus wollte nämlich, dass der Mensch, auch noch so sehr durch die anderen Übel gequält, doch das Leben nicht wegwerfe, sondern fortfahre, sich immer von Neuem quälen zu lassen. Dazu gibt er dem Menschen die Hoffnung: sie ist in Wahrheit das übelste der Übel, weil sie die Qual der Menschen verlängert. - Friedrich Nietzsche

Die Schwarze Pille zu nehmen, bedeutet falsche Hoffnungen aufzugeben und die Dinge zu sehen, wie sie sind. Falsche Hoffnungen wie beispielsweise:

Du bekommst, was du wirklich willst, ohne die notwendigen Opfer zu bringen.

Du wirst eines Tages rundum glücklich und zufrieden sein, obwohl du weitermachst wie bisher.

Du wirst irgendwann fertig sein, alles ist erledigt und du kannst dich endlich entspannen.

Ungleichheit und Ungleichverteilung werden überwunden, die Menschheit wird sich vereinen.

Es gibt ein Ende und am Ende wird alles gut.

Falls du dich jetzt fragst, wer denn bitte solche Hoffnungen hat - dann hinterfrag mal dein tatsächliches Handeln und Verhalten. Das spiegelt deine Hoffnungen viel genauer wider als das, was du explizit deine Hoffnungen nennen würdest. Wenn du deine falschen Hoffnungen verloren hast, wirst du wesentlich mehr Gründe haben, vom Sofa aufzustehen und endlich zu tun, was zu tun ist.

Die schwarze Pille ist kein Widerspruch zu einer hohen internalen Kontrollüberzeugung, sondern ein Supplement dazu. Die schwarze Pille ist die radikale Akzeptanz der Dinge, die du nicht ändern kannst - egal wie schrecklich sie sind - um mehr Aufmerksamkeit und Energie für die Dinge zu haben, die du beeinflussen kannst - um dir das Leben zu erschaffen, das du willst.

Was bedeutet das im Alltag? Vor allem konsequentes Aufmerksamkeitsmanagement und aufhören, gegen Windmühlen zu kämpfen. Keine Nachrichten, weder online noch papierhaft. Wenn Beschäftigung mit Zeitgeschehen, dann zielgerichtete Recherche und danach sofort wieder abschalten. Keine Gedankenspiralen über Unbeeinflussbares und

Unnützliches.

Falls notwendig die Gedankenspiralen durch physische Anstrengung durchbrechen. Niemand kann depressiv vor sich hin grübeln, während er Burpees macht oder einen Hügel hoch sprintet.

Kein Aufregen, Schimpfen oder Grübeln über andere Menschen oder "das System". Menschen sind und bleiben irrational, und somit auch alle von Menschen gemachten Systeme, wie z.B. "das kapitalistische System". Aufregung darüber ist mindestens genau so irrational. Du kannst nur dich und deine Handlungen kontrollieren, nicht die anderer Menschen.

Das bedeutet ausdrücklich nicht, Kommunikation mit anderen Menschen zu meiden. Aufregen, schimpfen, grübeln ÜBER andere Menschen muss vermieden werden, nicht Gespräche und Interaktionen MIT anderen Menschen.

Deine Aufmerksamkeit zu kontrollieren und bewusst zu steuern schützt deine mentalen Kapazitäten und schafft somit Freiraum für nützliche Gedanken und Handlungen. Eine Woche hat 168 Stunden. Wie viele davon verschwendest du auf Unnützliches und Unbeeinflussbares?

Deine Zeit läuft ab.

Was uns zu Todesgewärtigkeit bringt.
Unsere Sterblichkeit ist wahrscheinlich die größte schwarze Pille.
In der nordischen Mythologie ziehen die Götter im Bewusstsein ihrer kommenden Niederlage in die letzte Schlacht. Das Ende ihrer Welt und ihrer selbst ist gewiss, es gibt keine Hoffnung. Also warum sich nicht heroisch dem letzten Kampf stellen?

Um so mehr schwarze Pillen wir schlucken, um so freier werden wir. Und frei von falschen Hoffnungen können wir uns, wie die Asen, heroisch den Schlachten des Lebens stellen.

Äußere Kriegsführung

25. Finanzielle Bildung ist Machtpotential

Um finanziell stark zu werden, sind Handlungen in der Äußeren Welt erforderlich - und die haben Konsequenzen. Du musst also zunächst von der Richtigkeit dieser Handlungen überzeugt sein, bevor du konsequent angreifen kannst. Du musst ideologisch gefestigt sein um gegen alle inneren und äußeren Widerstände vorwärts marschieren zu können.

Diese ideologische Festigkeit ergibt sich aus der Inneren Kriegsführung und deinem Wissen über die Mechanik hinter dem ökonomischen Vorhang - wenn du weisst, wie unser Wirtschaftssystem funktioniert, weisst du auch, was zu tun ist.

In diesem Kapitel findest du alle finanzielle Bildung die du brauchst um Bilanzmillionär zu werden. Bei mir selbst hat das ungefähr 3,5 Jahre gedauert. Im zweiten Halbjahr 2015 bin ich das Thema aktiv angegangen und habe am 6. November 2015 meine erste Immobilie gekauft. Am 28. Januar 2019 habe ich das zwölfte mal eine Immobilie gekauft - womit ich Bilanzmillionär wurde.

Was das bedeutet, wie das funktioniert und warum du dafür nicht schon Geld haben musst, erfährst du alles in diesem Kapitel. Du brauchst dafür weder Abitur noch reiche Eltern. Da du zu allen wirtschaftlichen Themen unendlich viel Content kostenfrei im Internet finden kannst und deine finanzielle Bildung praktisch nur durch deine Faulheit begrenzt wird, konzentriere ich mich hier darauf, Zusammenhänge aufzuzeigen.

Bevor du weiterliest, sieh dir bitte auf YouTube folgendes Video an:
Wie die Wirtschaftsmaschine funktioniert in 30 Minuten

In diesem Video erklärt Ray Dalio, der Gründer des weltgrößten Hedgefonds, wie unser Wirtschaftssystem funktioniert. Diese grundlegende Mechanik ist wichtig für das weitere Verständnis.

Wenn du dir das Video angesehen hast, mach dir bitte folgendes klar - deine finanzielle Stärke beruht auf 3 Säulen:

Mentalität - vorheriges Kapitel: Innere Kriegsführung
Bildung - dieses Kapitel: Äußere Kriegsführung
Disziplin - nächstes Kapitel

Lass uns nun also Alice tief runter durch den Kaninchenbau ins Wunderland folgen - ins finanzielle Wunderland.

26. Unser Geldsystem in der Praxis

In *Wie die Wirtschaftsmaschine funktioniert* hast du bereits einen guten Überblick über das große Ganze gewonnen. Aber wie immer steckt der Teufel im Detail.

Schauen wir uns zunächst mal ein paar Begriffe genauer an. Vor allem den Begriff "Geld" an sich. Was ist Geld eigentlich genau?

Der Unterschied zwischen Geld und Vermögen

Jemand kann viel Geld auf dem Konto aber ein kleines Vermögen haben. Jemand kann wenig Geld auf dem Konto aber ein großes Vermögen haben. Der Fürst will viel Geld UND ein großes Vermögen. Gucken wir uns im Folgenden mal den Unterschied zwischen Beidem an.
Wikipedia als Quelle allgemein akzeptierten Wissens definiert so:

"In den Wirtschaftswissenschaften ist Vermögen (englisch assets) der in Geld ausgedrückte Wert aller materiellen und immateriellen Güter, die im Eigentum einer Wirtschaftseinheit stehen."

"Geld ist jedes allgemein anerkannte Tausch- und Zahlungsmittel. Es bestehen unterschiedliche Geldformen, vor allem Bargeld (Geldmünzen und Banknoten) und der Zahlungsanspruch einer Nichtbank gegenüber einer Bank (Buchgeld bzw. Giralgeld). Das in der Währungsverfassung eines Landes als gesetzliches Zahlungsmittel bestimmte Geld bezeichnet man als Währung."

Vermögen bedeutet also die Summe aller Güter, die dann in Geld bemessen wird. Wenn du also all dein Eigentum auflistest und ausrechnest, wie viel Geld das alles zusammen wert ist, hast du dein Vermögen erfasst.

Du hast also vielleicht ein Motorrad im Wert von 5k (1k = 1.000 € = 1 Schein = TEUR 1), Technik wie PC, Smartphone und Fernseher im Wert von 2k, Kleidung und Haushaltsgegenstände im Wert von 1k und 0,5k auf dem Konto. Also in Summe ein Vermögen von 8,5k.

Geld ist also eine Teilmenge deines Vermögens und gleichzeitig die Maßeinheit für Vermögen.

Das Messen mit eben dieser Maßeinheit erfolgt immer bezogen auf einen Stichtag. Dein Smartphone hat ja beispielsweise bei Anschaffung 500 € gekostet, ist aber ein Jahr später vielleicht nur noch die Hälfte wert. Es kommt also auch auf den Zeitpunkt der Bewertung an.
Dazu später mehr, wenn wir uns mit Bilanzen beschäftigen.

So weit so gut, aber was ist nun Geld? Tausch- und Zahlungsmittel, klar. Bargeld, also Scheine und Münzen, logo. Und Buch- oder Giralgeld, also der Zahlungsanspruch gegenüber einer Bank bzw. Zahlen auf Konten.

Es gibt viel mehr Giral- als Bargeld. Eine Bank hat nicht Bargeldbestände in Höhe der Kontoguthaben ihrer Kunden im Tresor. Mein Kontoguthaben bei meiner Bank ist zwar ein Auszahlungsanspruch in entsprechender Höhe, da aber nie alle Kunden einer Bank gleichzeitig all ihr Geld abheben, sprich ihren Auszahlungsanspruch geltend machen, hält die Bank nur einen kleinen Teil der Kontoguthaben in Bargeld vor.

Man spricht hier vom Mindestreserve-System, Teilreserve-System oder dem Fraktionale-Reserve-System. Durch dieses System kann die insgesamt verfügbare Geldmenge, also die Summe von Bar- und Buchgeld, weit über das tatsächlich vorhandene, staatlich gedruckte Bargeld hinaus ausgedehnt werden.

Stellen wir uns das ruhig mal so vor, dass jede Bank zu Spielbeginn einen Haufen Bargeld bekommt und dann ein vielfaches dieser Summe als Kredite vergeben kann. Begrenzt durch den Mindestreservesatz, also eine gesetzlich definierte Untergrenze, wie viel echtes Geld in Relation zum verliehenen Buchgeld vorhanden sein muss. Die Bank vergibt nun einen Kredit, eröffnet also ein entsprechendes Kreditkonto und bucht den Betrag, den du dir geliehen hast, auf dein

Girokonto ein. Dieses Geld wurde also nicht aus dem Tresor oder aus dem Guthaben anderer Bankkunden auf dein Konto geschaufelt, sondern wurde durch Kreditvergabe aus dem Nichts erschaffen.

Und das ist auch gut so - denn könnte die Geldmenge nicht ausgedehnt werden, könnte man nur reich werden, indem man anderen etwas weg nimmt. Wenn die Geldmenge fix wäre, wäre alles Wirtschaftstreiben ein ewiges Nullsummenspiel, Reichtum könnte nur umverteilt aber nicht erschaffen werden.

Diesen Prozess des Geld aus dem Nichts erschaffen nennt man Giralgeldschöpfung. Technisch handelt es sich um eine Bilanzverlängerung - auf der Aktivseite wird der Kredit als Forderung gegenüber dem Kreditnehmer gebucht, auf der Passivseite das neue Kontoguthaben des Kreditnehmers als Verbindlichkeit.

27. Geld entsteht und vergeht

Was bedeutet das soweit für unseren Fürsten in der Praxis?
Geld ist ein soziales Konstrukt - es wird unter den richtigen Bedingungen von Menschen aus dem Nichts erschaffen. Schaffe mit den richtigen Leuten die richtigen Bedingungen und du kommst an Geld.

Dass Geld aus dem Nichts erschaffen wird bringt aber auch mit sich, dass es schnell wieder ins Nichts verschwinden kann. Anders als Vermögen in Form von Sachwerten wie Immobilien, Unternehmensbeteiligungen und Edelmetallen kann Geld relativ schnell entwertet werden.

Das passiert schleichend durch Inflation oder relativ abrupt durch Währungsreformen. Das Wort Reform ist hier ein schöner Euphemismus für den Tod einer Währung.

Zur Verdeutlichung ein Beispiel: Ich wohne in einem 4-Familien-Haus aus dem Baujahr 1911. Das Haus wurde also im Deutschen Kaiserreich gebaut und mit der damaligen Währung namens Mark bezahlt. Diese rückwirkend Goldmark genannte Währung galt von Gründung des Kaiserreichs 1871 bis zum Beginn des ersten Weltkrieges 1914. Zur Finanzierung des Krieges wurde dann die Papiermark eingeführt - offiziell hieß sie weiterhin einfach Mark, jedoch wurde der Goldstandard aufgehoben und massig Papiergeld gedruckt, was zur Hyperinflation in der Weimarer Republik führte.

Von 1924 bis 1948 war die Reichsmark offizielles Zahlungsmittel, die dann in Westdeutschland von der Deutschen Mark abgelöst wurde. Am 1. Januar 1999 wurde dann der Euro als Buchgeld und am 1. Januar 2002 als Bargeld eingeführt. Als ich meine Wohnung gut 100 Jahre nach Erbauung des Hauses gekauft habe, waren also zwischenzeitlich bereits offiziell 3, faktisch 4 Währungen beerdigt worden.
Und mit ihnen natürlich massig Ersparnisse.

Währungen kommen und gehen. Eben weil sie Konstrukte ihrer jeweiligen Zeit sind. Das ist auch kein deutscher Sonderfall. In Willem Middelkoops Buch *Der Große Neustart - Kriege um Gold und die Zukunft des globalen Finanzsystems* findet man am Ende eine Auflistung von Währungen, die von 1700 bis 2013 demonetisiert, also vernichtet, wurden.
Die Liste ist 25 DinA5 Seiten lang.

Das heißt jedoch nicht, dass Geld schlecht und Sachwerte gut sind. Sachwerte haben zwar im Schnitt eine deutlich längere Lebensdauer als Geld, sind aber viel weniger fungibel. Fungibel bedeutet soviel wie verwertbar - ich kann also mit meiner über Generationen vererbten Goldmünze keine Lebensmittel kaufen. Ich müsste erst die Goldmünze verkaufen, also quasi gegen die aktuelle Währung umtauschen. Bei Goldmünzen ist das noch vergleichsweise einfach, bei Grund- und Immobiliareigentum wird es schon aufwendiger.

Für seine Feldzüge braucht der Fürst Geld in der Kriegskasse, erobert werden damit Sachwerte. Wir brauchen also Geld in der Kriegskasse um im Hier & Jetzt voran zu kommen und Sachwerte für den langfristigen Vermögensaufbau.

28. Der Leverage-Effekt

Folgendes ist nun wichtig zu verstehen: Um Sachwerte für den langfristigen Vermögensaufbau zu kaufen ist nur ein Bruchteil des Gegenwertes in der Kriegskasse erforderlich.

Wenn unser Fürst beispielsweise ein Mehrfamilienhaus für 400.000 € kaufen möchte, braucht er deswegen keine 400k in der Kriegskasse, er kann sich ja Geld leihen.

Vemögensaufbau und dafür Schulden machen? Ist das nicht ein Widerspruch in sich? Ganz im Gegenteil. Das liegt am Leverage Effekt.

Mit Schulden, also Fremdkapital, kann man die Rendite seines Eigenkapitals erhöhen, wenn die Kosten des Fremdkapitals, also die Zinsen, geringer sind als die Gesamtkapitalrendite. Zur Verdeutlichung ein Beispiel: 10.000 € sind zu 5 % angelegt, bringen also jährlich 500 € Rendite. Nimmt man jetzt 90.000 € Fremdkapital dazu und legt diese auch zu 5 % an, bekommt man insgesamt schon 5.000 € Gesamtkapitalrendite, muss jedoch auch Zinsen auf die geliehenen 90.000 € zahlen. Sind diese Zinsen jetzt niedriger als 5 %, erhöht sich die Eigenkapitalrendite. Bei beispielsweise 3 % Zinsen stehen 4.500 € Mehrrendite 2.700 € Zinskosten gegenüber, das bedeutet ein Plus von 1.800 €.

Die Eigenkapitalrendite berechnet sich dann wie folgt: (500 € + 1800 €) / 10.000 € x 100 = 23 %

Die Rendite auf das eingesetzte Eigenkapital hat sich also durch die Hinzunahme von Fremdkapital mehr als vervierfacht. Schulden machen und Geld verdienen geht also Hand in Hand.
Wenn es gute Schulden sind. Schlechte Schulden machen wieder alles kaputt. Gut sind Schulden dann, wenn sie produktiv sind. Wenn sie also dazu dienen, mehr Einkommen zu generieren. Schlecht sind Schulden, wenn sie Konsumzwecken dienen, also kein zusätzliches Einkommen schaffen.

Schulden können also unter gewissen Umständen unser Einkommen steigern. Und Banken wollen Kredite vergeben - denn davon leben sie. Das passt doch schon mal ganz gut zusammen. Die Nutzung des Leverage Effektes ist für den Aufbau eines größeren Vermögens auch fast alternativlos, es sei denn du kannst monatlich mehrere tausend Euro zur Seite legen.

Die Betonung liegt auf "mehrere", denn wenn du monatlich "nur" 1.000 € sparen würdest, hättest du nach einem Jahr 12.000 €, 120.000 € nach zehn Jahren und 300.000 € nach 25 Jahren.

Natürlich kommen im echten Leben ggf. noch Zinsen dazu, die aber historisch gesehen oft von der Inflation aufgefressen werden, was zu negativen Realzinsen führt.

Was nichts anderes bedeutet, als dass dein bereits versteuertes Geld auf deinen Konten langsam entwertet wird. Das Guthaben bleibt nominell unverändert, aber du kannst dir weniger davon kaufen, weil die Preise der Produkte gestiegen sind.
Die Bundesbank veröffentlicht auf ihrer Homepage dazu fortlaufend Statistiken, hier ein paar Stichproben:

Realverzinsung in %

Datum	**Girokonten**	**Sparbücher**	**Festgeld 1 Jahr**
31.03.75	keine Daten	-0,58	0
31.07.88	keine Daten	0,79	2,08
31.08.97	-0,46	-0,75	0,24
30.04.04	-0,56	0,41	0,3
30.09.18	-2,23	-2,09	-1,94

Sparen rechnet sich also einfach nicht. In einer Welt mit Inflation muss dein Vermögen wenigstens eine Rendite nach Steuern in Höhe der Inflationsrate abwerfen, um seinen Wert zu bewahren - wie Alice feststellt, muss man im Land der Roten Königin die ganze Zeit vorwärts rennen, um auf der Stelle zu bleiben.

29. Investieren statt Sparen

Wir müssen also investieren statt zu sparen.

Das kann direkt oder indirekt erfolgen. Bei indirekten Investitionen sind Dritte dazwischen geschaltet, bei direkten nicht. Diese Unterscheidung meine ich ganz pragmatisch, nicht juristisch.

Ein Beispiel: Wenn du Aktien kaufst, wirst du Miteigentümer der entsprechenden Aktiengesellschaft. Weil dir aber nur ein kleiner Anteil gehört, kannst du keine Kontrolle über dein Eigentum ausüben. Du kannst bloß darauf vertrauen, dass die Leitung des Unternehmens einen guten Job macht und du jährlich deine Dividende und/oder Kurssteigerungen bekommst.

Du kannst faktisch bloß entscheiden, ob du die Aktie behältst oder verkaufst, das war's. Das ist also eine relativ indirekte Investition. Klar, du kannst zu jährlichen Hauptversammlung gehen und dort dein Stimmrecht als Aktionär ausüben - wobei sicherlich die gleichen Prinzipien wie bei unser Fassadendemokratie gelten, d.h. es geht nur um die Illusion der Mitbestimmung.

Noch indirekter wäre eine Investition in einen Aktienfonds, denn da kannst du ja nur entscheiden, ob du den Fondsanteil behältst oder verkaufst, in welche Aktiengesellschaften der Fonds investiert, entscheidet das Fondsmanagement. Es ist also eine weitere Ebene von Entscheidern zwischen dich und dein Eigentum getreten.

Eine direkte Investition ist folglich eine, bei der du die tatsächliche Kontrolle über dein Eigentum ausübst. Also beispielsweise die GmbH, die dir mehrheitlich gehört und die Immobilien, die du vermietest. Natürlich muss du dich auch hier mit anderen Menschen abstimmen und kannst nicht einfach ungefiltert nach deinen Launen entscheiden. Aber du kannst entscheiden.

Das ist natürlich nur dann attraktiv, wenn du dir gute Entscheidungen zutraust. Selbstvertrauen und Verantwortungsbereitschaft gehen Hand in Hand.

30. Steuern - der größte Ausgabenposten

Im Laufe deines Lebens gibst du für nichts so viel Geld aus wie für Steuern. Klingt vielleicht erstmal etwas dramatisch, ist aber ganz banal. Wenn du beispielsweise als Angestellter monatlich 3.000 € brutto verdienst, ergibt sich folgendes Bild:

Jährliches Brutto 36k x 23% Einkommensteuer zuzüglich Soli und Kirchensteuer = 8,3k
Bleiben 27,7k für all die verschiedenen Posten wie Wohnen, Lebensmittel, Kleidung, Mobilität et cetera.
Die bis auf wenige Ausnahmen ja auch wieder Steuern beinhalten, zum Beispiel 7 % auf Lebensmittel, 19 % auf Kleidung und insgesamt rund 57% auf Benzin.

Die 23% auf dein Einkommen sind auch bloß der Durchschnittssteuersatz, der Grenzsteuersatz liegt bei 38%. Der Grenzsteuersatz ist der Steuersatz, der auf jeden weiteren Euro Einkommen fällig wird.

Da du als Arbeitnehmer nur wenige Ausgaben von der Steuer absetzen kannst, lässt sich das auch kaum optimieren. Der durchschnittliche Arbeitnehmer arbeitet sein Leben lang also zu einem großen Teil fürs Finanzamt. Etwas besser sieht es bei der Besteuerung von juristischen Personen aus, was wir uns beispielhaft anhand einer GmbH anschauen wollen.

Ein großer Unterschied ist, dass der Steuersatz für eine GmbH fix statt progressiv wie bei einer natürlichen Person ist. Eine GmbH zahlt insgesamt immer ungefähr 33% Steuern, egal ob der zu versteuernde Gewinn 1 € oder 1.000.000 € ist. Eine Privatperson (Steuerklasse I) zahlt bis zu einem Jährlichen Bruttoeinkommen von 12.336 € gar keine Steuern, dafür steigt der Steuersatz dann bis auf 45% + 5,5% Soli (bezogen auf den Betrag der Einkommensteuer), also insgesamt 47,475 % an.

Es soll jetzt gar nicht darum gehen ob das so in Ordnung ist oder nicht - die Dinge sind wie sie sind und wir wollen einfach das Beste daraus machen. Für uns und unsere Leute. Jedenfalls hat eine GmbH einen fixen Steuersatz und kann mehr von der Steuer absetzen als eine Privatperson. Ein gutes Beispiel dafür sind Telekommunikations- und Mobilitätskosten. Eine GmbH kann z.B. sowohl die Anschaffung als auch die monatlichen Kosten deines Handy steuerlich absetzen, egal wie hoch der jeweilige Anteil der dienstlichen und privaten Nutzung ist.
Da geht es natürlich um eher kleine Beträge.

Anders bei der Anschaffung von Kraftfahrzeugen. Wenn du dir privat ein Auto kaufst, bezahlst du das aus bereits versteuertem Geld, so wie z.B. deine

Lebensmittel. Steuerlich geltend machen kannst du dann bloß den einfachen Weg zur Arbeit mit 30 Cent pro Kilometer. Die GmbH hingegen kauft das Kfz aus unversteuertem Geld, was auch für alle Folgekosten wie Sprit und Versicherungen gilt. Würdest du nun dieses Kfz auch privat nutzen, so musst du als Privatmann monatlich 1% vom Bruttolistenneupreis als Pauschalbesteuerung zahlen.

Dein Steuerberater hilft dir dabei zu ermitteln, wann sich das rechnet. Du siehst aber schon an diesen beiden Beispielen, dass sich steuerlich als Unternehmen ganz andere Möglichkeiten auftun.

31. Cash Flow Quadrant

Ok, wir haben uns jetzt einige Argumente für Unternehmertum und Selbständigkeit angeguckt, aber wie und womit das alles umsetzen?

Das hängt einerseits von deinen Interessen und Fertigkeiten ab. Wenn du dich für etwas interessierst und etwas gut kannst, sind das gute Voraussetzungen, um damit Geld zu verdienen. Gute Voraussetzungen, aber kein Garant. Wenn du dich beispielsweise total für japanische Konsolenspiele aus den späten 1990ern und frühen 2000ern interessierst, heißt das noch lange nicht, dass du damit Geld verdienen kannst.

Geld verdienen kannst du ja immer nur, wenn du Mehrwerte für andere schaffst, deren Bedarf an Waren oder Dienstleistungen deckst. Robert Kiyosaki unterscheidet in seinem Cash Flow Quadranten 4 Wege, Geld zu verdienen:

E = Employee = Arbeitnehmer	**B** = Business Owner = Unternehmer
S = Self-Employed = Selbstständiger	**I** = Investor

E = Employee = Arbeitnehmer = du verkaufst deine Zeit an deinen Arbeitgeber

S = Self-Employed = Selbstständiger = du verkaufst deine Zeit an deine Kunden

B = Business Owner = Unternehmer = du organisierst und delegierst, andere Menschen arbeiten für dich

I = Investor = dein Geld arbeitet für dich

Auf der linken Seite des Quadranten, also als Arbeitnehmer oder Selbständiger im Sinne von Kiyosaki, musst du im Regelfall mehr arbeiten, wenn du mehr Geld verdienen willst. Mehr Stunden machen, mehr Kunden zufriedenstellen und so weiter. Deine Verdienstmöglichkeiten sind also von Anfang an gedeckelt, einfach dadurch dass auch dein Tag nur 24 Stunden hat.

Anders sieht es auf der rechten Seite des Quadranten aus. Hier kommt es im Wesentlichen darauf an, wie clever du bist - der Faktor eingesetzte Zeit rückt in den Hintergrund. Der einfachste Weg auf die rechte Seite zu kommen ist meiner Meinung und Erfahrung nach das Investieren in Immobilien. Da du zu Beginn kaum eigenes Geld hast, arbeitest du also mit Fremdkapital im Business-Quadranten.

32. Warum Immobilien?

Die grundlegende Strategie zur Errichtung deines Fürstentums besteht darin, einen großen Bestand an vermieteten Immobilien aufzubauen.

Wenn dir das gelingt, gehen jede Woche Menschen zur Arbeit um Miete an dich zahlen zu können. Oder Menschen gehen zur Arbeit um die Steuern und Sozialabgaben bezahlen zu können, die manche deiner Mieter als Sozialleistungen vom Staat bekommen um ihre Miete an dich zahlen zu können.

Menschen werden immer ein Dach über dem Kopf brauchen und werden immer bereit sein, dafür Geld zu bezahlen. Das ist sicherlich einer der Hauptgründe, warum Immobilien die langfristig erfolgreichste Anlageklasse sind. Ökonomieprofessor Moritz Schularick der Universität Bonn hat gemeinsam mit Kollegen festgestellt, dass in den 145 Jahren zwischen 1870 und 2015 Immobilien durchschnittlich 8,7 Prozent Rendite erwirtschaftet haben. Mehr als alle anderen Anlageklassen wie z.B. Aktien, Anleihen und Bankeinlagen. Siehe auch:
https://sites.google.com/site/moritzschularick/

Es macht natürlich Sinn, auch andere Einkommensquellen neben vermieteten

Wohnimmobilien zu haben. Wenn du die Gelegenheit hast, dir auch in anderen Geschäftsfeldern etwas aufzubauen, dann nutze sie. Dein Cash Flow und deine Haftungsmasse aus deinem Immobilienbestand wird dir auch Expansion in anderen Bereichen leichter machen. Betrachte deinen Immobilienbestand also als Kern, Fundament und Keimzelle deiner eigenen besseren Welt.

Immobilien sind die beste Anlageklasse, weil sie die am leichtesten zugängliche Möglichkeit sind, in Befriedigung eines Grundbedürfnisses zu investieren und gleichzeitig die einfachste Möglichkeit bieten, vom Leverage Effekt und unserem Geldsystem zu profitieren.

In Grundbedürfnisse zu investieren macht offenkundig Sinn, weil selbige immer erfüllt werden müssen - sprich Menschen immer bereit sein werden, Geld dafür auszugeben. Nahrungsmittel, Bekleidung und ein Dach überm Kopf werden die Menschen immer brauchen. Und anders als Nahrungsmittel- oder Bekleidungsproduktion kannst du Wohnraum gut nebenberuflich anbieten. Nebenbei eine Schlachterei oder eine Jeans-Fabrik zu betreiben ist schwieriger als nebenbei zu vermieten.

Und wofür würde dir eine Bank überhaupt Geld leihen?

Für Immobilien geben Banken auf jeden Fall gerne Kredit, weil die zu finanzierende Immobilie als Sicherheit genutzt werden kann.

33. Bilanzmillionär

Zu Beginn des Kapitels habe ich ja gesagt, dass ich innerhalb von rund 3,5 Jahren Bilanzmillionär geworden bin. Was heißt das genau?

In einer Bilanz erfasst man das Vermögen und die Schulden einer Wirtschaftseinheit. Auf der linken Seite die Vermögenswerte und auf der rechten Seite die Schulden bzw. die Mittelherkunft. Die Summe der linken und der rechten Seite ist immer gleich. Dafür sorgt der Bilanzposten Eigenkapital auf der Passivseite. Das Eigenkapital ist die Differenz zwischen der Summe der linken Aktivseite der Bilanz und den Schulden.

Wenn du nun zum Beispiel Vermögenswerte wie Immobilien oder Kontoguthaben von insgesamt einer Million und gleichzeitig 1.000.000 € Schulden hast, dann bist du Bilanzmillionär. Gut wäre es natürlich, wenn auf der rechten Seite nicht nur Schulden, sondern auch Eigenkapital steht.
Die rechte Seite der Bilanz, auch Passivseite genannt, zeigt die Mittelherkunft - und das kann entweder Fremdkapital oder Eigenkapital sein - also eigene oder geliehene Kohle.

Aktiva	Passiva
Immobilien = TEUR 1.000	Darlehn = TEUR 910
Kontoguthaben = TEUR 10	Eigenkapital = TEUR 100
Bilanzsumme = TEUR 1.010	Bilanzsumme = TEUR 1.010

Gehen wir zunächst mal davon aus, dass deine Eigenkapitalquote gering ist und fast dein ganzes Vermögen durch Schulden finanziert wurde. Was soll daran gut sein? Warum sollte sich jemand hoch verschulden?

Wie bereits gesagt, Schulden sind gut, wenn sie Vermögensgegenstände finanzieren, die Einkommen generieren, dass höher als der Kapitaldienst der Schulden ist. Der Leverage Effekt. Wenn du dir also deine Bilanz mit Immobilien und Schulden vollballerst, ist das gut, wenn deine Mieter die Bewirtschaftungskosten der Immobilien, den Kapitaldienst an die Banken, deine Steuern auf die Mieterträge und noch einen kleinen Überschuss bezahlen.

Du siehst schon - deine Mieter sind kriegsentscheidend. Denke auch an die

Noblesse Oblige im Aristokratischen Rad.

Wenn du hohe Schulden hast, die deine Mieter für dich abzahlen, wächst jeden Monat dein Vermögen.
Jeden Monat wird ein kleiner Anteil deiner Schulden getilgt - und um genau diesen Betrag wächst dein Eigenkapital.

Wenn du also eine Million Euro Schulden hast und durchschnittlich auf deine Finanzierungen 3% Tilgung zahlst, machen dich deine Mieter jeden Monat um 1.000.000 € x 0,03 / 12 = 2.500 € reicher.

Da Immobilienfinanzierungen meist Annuitätendarlehn sind, wächst dieser Tilgungsanteil sogar noch von Monat zu Monat. Was aber leider auch bedeutet, dass du im Laufe der Zeit mehr Steuern zahlen musst.
Da dieser Vermögenszuwachs von 2,5 Scheinen pro Monat in deiner Bilanz und nicht auf deinem Girokonto stattfindet, kannst du dein Vermögen auch nicht gleich wieder verpulvern.
Immobilien haben einen inhärenten Sparzwang - ein weiterer großer Vorteil.

Stell dir zum Vergleich vor, du würdest jeden Monat 2,5k mit einem Online-Shop einnehmen. Wie viel wäre davon wohl nach 10 Jahren noch da? Bei Immobilien kannst du nur über deine monatlichen Überschüsse verfügen - der Rest geht an Dritte, wie Hausverwaltung, Versorger und eben die Banken. Und der

Tilgungsanteil des Kapitaldienstes an die Banken ist dein Pflichtsparen - dein Vermögen wächst und du kannst es nicht verprassen.

Wenn du es also schaffst, dir eine Bilanzsumme von TEUR 1.000 aufzubauen und dann lange genug durchhältst, bis alle Schulden getilgt sind, bist du Vermögensmillionär. Auf der Aktivseite steht ein Immobilienportfolio im Wert von (über) einer Million und auf der Passivseite steht nur noch Eigenkapital. Wir kommen später nochmal auf das Thema Bilanz zurück - akzeptiere zunächst einmal, dass Schulden reich machen können.

34. Inflation & Wachstum

Bedenke dabei auch, wie sich die Inflation auf dein Portfolio auswirkt. Nehmen wir an, wir haben jährlich ungefähr 2 % Inflation - das offizielle Ziel der Europäischen Zentralbank. Dann würde doch der Wert deiner Schulden jährlich um eben diese ungefähr 2 % sinken. Und der Wert deiner Immobilie zumindest tendenziell steigen. Inflation bedeutet Kaufkraftverlust - das Geld wird weniger wert. Also muss doch für Sachwerte mehr Geld ausgeben werden. Sprich die Kaufpreise von Immobilien steigen - vorausgesetzt, sie werden gut in Stand gehalten und bewirtschaftet. Inflation entwertet also deine Schulden und wertet deine Sachwerte auf. Und wenn du dir mal die Staatsverschuldung der großen Industrienationen anschaust sollte auch klar sein, wer ein starkes Interesse daran hat, dass es stetig Inflation gibt.

Eine große Herausforderung bei der Errichtung deines Fürstentums wird also das Management deiner Verschuldung sein - was zunächst bedeutet, überhaupt erstmal Kredit zu bekommen.

Schulden machen klingt schlecht, während Kredit bekommen gut klingt. Kein Wunder, kommt Kredit doch von Credere - Latein für Vertrauen. Wer dir Kredit gibt, vertraut dir. Der Zusammenhang zu deinem Charakter und

dem Aristokratischen Rad ist offensichtlich. Aber weiter mit der äußeren Kriegsführung. Wir haben ja bereits zwischen guten und schlechten Schulden differenziert.
Gute Schulden finanzieren Vermögenswerte, die Einkommen generieren. Schlechte Schulden finanzieren Konsum und generieren kein Einkommen. Das sehen auch Banken so - insbesondere dann, wenn die zu erwerbende Immobilie deine Kapitaldienstfähigkeit steigert. Immobilien, deren Vermietung monatlich zu Überschüssen führt, also ein positives Vorsteuerergebnis erwirtschaften, erhöhen ja deinen monatlich für weitere Kreditraten verfügbaren Cash Flow.

Das führt unter sonst gleichen Bedingungen dazu, dass dein Immobilienportfolio sich selbst stärkt - sprich du mehr Immobilien kaufen kannst, wenn du schon welche hast.
Sie müssen natürlich alle Überschüsse erwirtschaften, sonst passiert das Gegenteil. Dazu kommt noch, dass ein größeres Vermietungsportfolio tendenziell dein Vermietungsrisiko reduziert. Das Vermietungsrisiko bezeichnet das Risiko des Leerstands, also dass eine Wohneinheit vorübergehend nicht vermietet ist und du für diese Zeit die Kosten selbst tragen musst. Wenn du viele überschüssig vermietete Einheiten hast, können die Überschüsse der anderen Objekte vorübergehend den Ausfall einer Einheit kompensieren. Sprich du erwirtschaftest mit deinem Immobilienbestand

in Summe so hohe Überschüsse, dass bei Mietausfall einer Einheit noch kein privates Geld verbrannt wird, sondern nur deine Gesamtüberschüsse sinken.

Ein großer Immobilienbestand ist also tendenziell besser als ein kleiner - so lange du ihn unter Kontrolle hast, den Überblick nicht verlierst und ihn ordentlich bewirtschaften kannst.

Ein großer Bestand entsteht nicht nur durchs Kaufen sondern auch durchs nicht wieder Verkaufen. Immobilien, die du im Privatbestand hältst, also nicht über eine GmbH oder eine andere juristische Person, kannst du nach 10 Jahren steuerfrei verkaufen. Das kann verlockend sein - wenn du langfristig denkst, ist es aber meist besser, zu halten und nicht zu verkaufen.

Warum?
Du tilgst ja im Laufe der Zeit deine Darlehn ab - und wenn eine Immobilie entschuldet ist, kannst du sie wieder neu beleihen und kommst so wieder an frisches Geld. Natürlich müssen deine Mieter wieder die Darlehnsraten bezahlen, aber du hast wieder neues Geld - ohne das Objekt zu verkaufen. Diesen Prozess kannst du beliebig oft wiederholen.

Merke dir als Grundsatz seldom sell - selten verkaufen.

35. Die erste Immobilienfinanzierung

Aber wie nun überhaupt zur ersten Immobilienfinanzierung kommen? Indem du ein hübsches Unterlagenpaket über deine Bonität und das zu erwerbende Objekt schnürst und es mehreren Banken zukommen lässt.

Dieses Unterlagenpaket sollte digital sein, z.B. ein ZIP-Ordner, damit du es schnell und einfach verschicken kannst.

Was gehört in das Paket?
Persönliche Unterlagen, also Unterlagen über deine Bonität, und Objektunterlagen, also Unterlagen über das zu finanzierende Objekt.

Persönliche Unterlagen:

- Kontoauszüge (meist mindestens der letzten 6 Wochen)

- Einkommensnachweise wie beispielsweise Gehaltsabrechnungen

- deine Arbeitsverträge

- Deine eigene Haushaltsrechnung und deine Privatbilanz (um zu zeigen, dass du deine Finanzen im Griff hast)

- Ausgefüllte Bankformulare wie die Einwilligung zur Schufa-Abfrage und eine Selbstauskunft

Objektunterlagen:

- Vorhabenübersicht, also Darstellung deines Vorhabens (auf einer Seite, keine Romane!)
- Expose oder Objektbeschreibung - Vom Makler bzw. Verkäufer
- Mietverträge samt Übersicht in Tabellenform
- Grundbuchdaten - also einen Grundbuchauszug oder einen Kaufvertragsentwurf
- Bei Eigentumswohnungen die Teilungserklärung
- Zeichnungen, Grundrisse, Wohnflächenberechnungen etc.

Ist ein Makler an dem Deal beteiligt, so ist die Beschaffung bzw. Erstellung der Objektunterlagen seine Aufgabe. Er will dein Geld, also lass ihn was dafür tun. Ohne Makler musst du dich an den Verkäufer wenden. Erkläre am besten freundlich wofür du die Unterlagen brauchst.

36. Auswahlkriterien

Eine große Frage die sich dir stellen wird, ist sicherlich: Was für Objekte soll ich überhaupt anfragen? Was sind meine Auswahlkriterien? Ab wann ist eine Immobilie interessant für mich?

Sobald sie Überschüsse erwirtschaftet, sprich positiven Cash Flow aufweist, oder relativ schnell dazu gebracht werden kann.

Du brauchst dir noch keine Gedanken über Steuern zu machen, erstmal geht es nur um eine reine Cash Flow Betrachtung. Wie rechnet man das pragmatisch aus?

Warmmiete
- Hausgeld bzw. Betriebskosten
= Net Operating Income (NOI)
- Kapitaldienst (die Kreditraten)
= Cash Flow

Mach dir hier noch folgendes klar: Je anspruchsvoller deine Auswahlkriterien sind, desto schwieriger wird es, entsprechende Objekte zu finden. Es ist einfacher gute Deals zu machen als perfekte Deals zu machen.
Perfekt ist der schlimmste Feind von gut.

Und was ist besser? Viele gute Deals oder sehr wenige bis null perfekte Deals?

Banken schauen dann bei einer Kreditprüfung hauptsächlich auf zwei Faktoren:

1. Die Kapitaldienstfähigkeit - Kannst du bzw. das zu finanzierende Objekt voraussichtlich den Kapitaldienst erbringen, sprich die Raten zahlen?
2. Die Eigenkapitalquote - Wie hoch ist dein EK-Einsatz in Relation zu den Gesamtkosten?

Die Kapitaldienstfähigkeit des zu finanzierenden Objektes ermittelt die Bank oftmals mit einer simplen Formel wie Kaltmiete - 25% Bewirtschaftungskosten = Kapitaldienstfähgkeit (=NOI).

Schauen wir uns den Punkt Eigenkapital nun mal genauer an.

37. Wer hat, dem wird gegeben.

Ein Problem zu Beginn der Errichtung deines Fürstentums wird sein, dass du kaum Eigenkapital hast.

Ich assoziiere das Christentum vor allem mit dem, was Nietzsche Sklavenmoral genannt hat - manche Bibelpassagen sind dennoch einfach schön prägnant. Im Matthäusevangelium heißt es: „Denn wer da hat, dem wird gegeben, dass er die Fülle habe; wer aber nicht hat, dem wird auch das genommen, was er hat."

Der danach benannte Matthäus-Effekt beschreibt, was der Volksmund so ausdrückt: "Der Teufel scheißt immer auf den größten Haufen." "Wer hat, dem wird gegeben." Oft muss man Geld haben, um Geld verdienen zu können.

Schauen wir uns nun mal einige Möglichkeiten an, wie man mit diesem Problem umgehen kann. Davor noch ein simpler und mächtiger Trick um die EK-Anforderungen der Banken zu reduzieren: Oft wollen Banken dass zumindest die Kaufnebenkosten aus Eigenmitteln des Darlehnsnehmers bezahlt werden.
Der größte Einzelposten der Kaufnebenkosten ist regelmäßig die Maklerprovision. Also zum Beispiel 5,95% auf den Kaufpreis.
Das ist eine übliche Außenprovision. Wenn hingegen eine Innenprovision vereinbart wird,

sprich in den Kaufpreis eingerechnet wird, sind die Kaufnebenkosten um eben diesen Betrag reduziert. Der dadurch höhere Kaufpreis steigert tendenziell sogar noch den Wert der Immobilie in den Berechnungen der Bank. Und dem Makler ist es egal, wer ihm seine Provision schlussendlich überweist.

Kommen wir nun dazu, wie man Eigenkapital generiert. Zunächst müssen wir uns klar machen, dass Eigenkapital nicht gleichbedeutend mit Kontoguthaben ist.

Beispielsweise können bei Immobilienfinanzierungen Eigenleistungen des Bauherren oder Käufers als Eigenkapital angerechnet werden. Das bedeutet, dass die eigene Arbeitskraft von der finanzierenden Bank als Ersatz für Kontoguthaben anerkannt werden kann.

Gleichzeitig ist es oft so, dass Banken bei der Finanzierung von Immobilien zur Vermietung die Bedingung stellen, dass mindestens die Kaufnebenkosten, also Notar, Gericht, Grunderwerbsteuer und ggf. der Makler, aus Eigenmitteln bezahlt werden. Das geht natürlich nicht mit Eigenleistungen. Also was tun?

Die simpelste Methode ist Eigenkapital ansparen, sprich jeden Monat genug zur Seite legen, bis man ausreichend Kontoguthaben hat. Das dauert natürlich, und bringt die

Gefahr mit sich, dass die gute Gelegenheit vorüber geht und das Objekt zwischenzeitlich anderweitig verkauft wird.

Du könntest dir in so einer Situation das nötige Geld außerhalb der Immobilienfinanzierung leihen. Entweder bei einer Bank, in Form eines Konsumkredites, oder privat. Nehmen wir einmal an, deine Bonität ist gut und du hast jeden Monat 500 € Überschuss in deiner Haushaltsrechnung. Nun möchtest du eine vermietete Immobilie kaufen, die ein monatliches Net Operating Income, kurz NOI, von 400 € hat.

Das Net Operating Income ist wie gesagt das Objektergebnis vor Kapitaldienst und Steuern, also Warmmiete minus Betriebskosten wie Hausgeld. Du hättest hier in Summe also 900 € für Kapitaldienst zur Verfügung.
Du hast einen günstigen Kaufpreis ausgehandelt und würdest den nötigen Betrag schon für 300 € Rate im Monat finanzieren können.

Du findest aber keine Bank, die dir eine Vollfinanzierung anbietet; alle halten daran fest, dass du mindestens die Kaufnebenkosten selbst bezahlen musst. Der Kaufpreis ist 72.000 €, inklusive Makler rechnest du mit 13% Kaufnebenkosten, also 9.360 €. Wer hindert dich nun daran, bei einer anderen Bank einen zusätzlichen Kredit über 10.000 € aufzunehmen und damit Makler, Notar und

Gericht zu bezahlen?

Der Immobilienfinanzierer würde natürlich die Rate für diesen Kredit in deiner Haushaltsrechnung in Ansatz bringen, aber bei unserem Beispiel hier wäre ja noch mehr als genug Kapitaldienstfähigkeit vorhanden. Idealerweise sind die 10.000 € jederzeit ohne Vorfälligkeitsentschädigung rückzahlbar, so dass du sie beispielsweise aus dem Renovierungsbudget für das Objekt zurückzahlen kannst. Dafür musst dann bloß beim Kreditantrag 10.000 € mehr für die Renovierung einplanen und klären, in wie weit die Verwendung dieser Gelder kontrolliert wird. Oft gibt es in Immobilienfinanzierungen Freibeträge, für die keine Rechnungsnachweise erbracht werden müssen. So hättest du dann den teuren Privatkredit in die günstige Immobilienfinanzierung umgeschuldet.

Für den guten Eindruck hast du das Geld für die Kaufnebenkosten am besten bereits auf dem Konto liegen, wenn du die Immobilienfinanzierung anfragst.

Falls dich der Immobilienfinanzierer im Verlauf fragt, zu was für einem Kredit die Rate für die 10.000 € gehört, sag die Wahrheit. Ehrlichkeit zahlt sich aus. Aus Perspektive der Bank, die deine Immobilie finanziert, geht es darum, ihren Blanko-Anteil bei der Immobilienfinanzierung zu begrenzen, und das gelingt hier, da ja eine andere Bank die

Kaufnebenkosten finanziert.

Blanko-Anteil meint den Teil der Finanzierung, der nicht durch den Sicherheitenwert der Immobilie gedeckt ist. Also zum Beispiel:

Kaufpreis 100k
+Kaufnebenkosten 13k
=Gesamtkosten 113k
Sicherheitenwert 80k
Somit Blanko-Anteil 33k

Der Sicherheitenwert wird entweder pauschal aus dem Kaufpreis und ggf. Investitionen ins Objekt oder per Gutachten ermittelt.

Wie hoch der Blanko-Anteil sein darf ist unterschiedlich, der Klassiker ist das mindestens die Kaufnebenkosten aus Eigenmitteln bezahlt werden müssen, da diese in keiner Weise den Wert der Immobilie ausmachen oder steigern.

Wenn eine andere Bank, oder je nach Absprache ggf. auch die gleiche Bank, diese Kosten außerhalb der Immobilienfinanzierung über einen Konsumkredit finanziert, ist dieses Ziel erreicht. Sicherlich kann es passieren, dass ein Banker darüber die Nase rümpft und von deiner Kreativität überfordert ist - dann frag ihn nach Alternativen oder such dir einen anderen Finanzierer. Alternativen gibt es jedenfalls.

Eigenkapital kann beschafft und tatsächlich eingesetzt werden.
Oder ersetzt werden.

Das bedeutet, dass Maßnahmen getroffen werden, die aus Perspektive der finanzierenden Bank den Zweck des Eigenkapitals erfüllen, aber deine Liquidität schonen.

Der Grundsatz lautet Liquidität vor Rentabilität.

Damit ist gemeint, dass es oft besser ist, etwas mehr Zinsen zu zahlen, was deine Rendite schmälert, aber dafür Liquidität zu behalten. Weil du so flexibler bist, mehr Handlungsspielraum hast, und vielleicht mit der gesparten Liquidität einen weiteren lukrativen Deal anstoßen kannst.

Gehen wir nun weiter auf Ersatz- und Beschaffungsmöglichkeiten ein.

38. Eigenkapitalersatz

Schauen wir uns zunächst Möglichkeiten an, wie EK ersetzt werden kann und dann Möglichkeiten, EK zu beschaffen.

Ersatzmöglichkeiten

1. Verpfändung
Du könntest vorhandenes Kontoguthaben verpfänden anstatt es zu investieren. Die Bank gibt das Guthaben dann wieder frei, sobald der Blanko-Anteil der Immobilienfinanzierung durch Tilgung ausreichend reduziert wurde. Dieses Vorgehen hat den Vorteil, dass du nach kalkulierbarer Zeit wieder über dein Eigenkapital verfügen kannst und es durchgehend, auch während der Verpfändung, als Vermögen ausweisen kannst. Das verbessert also deine Privatbilanz bzw. deine Selbstauskunft.

2. Nachrangdarlehn
Du könntest die Immobilie mittels einer (für diesen Zweck gegründeten) Gesellschaft kaufen und eben dieser Gesellschaft privat ein Nachrangdarlehn gewähren. Die Gesellschaft, z.B. eine GbR oder eine GmbH, braucht dadurch dann weniger Fremdkapital von der Bank; gleichzeitig bekommst du dein Eigenkapital aber wieder von der Gesellschaft zurück. Die Tilgungsmodalitäten kannst du mit deiner eigenen Gesellschaft frei festlegen.

Nachrang bedeutet, dass im Falle der Zwangsversteigerung der Gläubiger dieses Darlehns im Regelfall leer ausgeht.

Um das besser zu verstehen ein Exkurs zum Thema Grundbuch: Für uns ist dieses Thema wichtig, weil im Grundbuch die Eigentumsverhältnisse von Grundstücken und den darauf stehenden Immobilien festgehalten werden und weil Grundbücher mit Grundpfandrechten belastet werden können. Grundpfandrechte sind für uns sehr wichtig, da Sie Banken als Sicherheit dienen und regelmäßig Voraussetzung für die Darlehnsgewährung sind.

Zunächst ein wichtiger Hinweis: Wenn im Kontext Immobilien kaufen und verkaufen von Grundstücken und Grundbüchern die Rede ist, beinhaltet das Grundstück bzw. das Grundbuch die darauf befindlichen Gebäude. Deswegen heißt es beim Notar auch Grundstückskaufvertrag, nicht Hauskaufvertrag.

Ein Grundbuch besteht aus vier Teilen:

Bestandsverzeichnis: Hier steht drin, welche Grundstücke samt der darauf befindlichen Gebäude zu diesem Grundbuch gehören. Ausgedrückt wird das in Fluren und Flurstücken. Für die Vermessung und Teilung dieser Flurstücke ist das Katasteramt zuständig

- was im Normalfall aber alles schon erledigt ist.

Abteilung I: Wer hier drin steht, dem gehört das Grundstück.

Abteilung II: Hier stehen sogenannte dingliche Lasten und Beschränkungen drin, z.B. ein Wohnrecht oder ein Rohrleitungsrecht.

Abteilung III: Hier werden die Grundpfandrechte, also meist Grundschulden, verzeichnet.

Grundpfandrechte gibt es in mehreren Formen, in der Praxis sind es fast immer Grundschulden. Der Volksmund nennt das oft Hypothek, was eigentlich eine andere Art von Grundpfandrecht ist. Hier jetzt weiter ins Detail zu gehen lohnt sich nicht. Ab hier spreche ich aufgrund von Praxisrelevanz nur noch von Grundschulden.

Im Grundbuchrecht gilt der Grundsatz "Wer zuerst kommt, mahlt zu erst." Grundschulden werden ja erst schlagend, wenn es zur Zwangsversteigerung kommt. So lange der Darlehnsnehmer den vereinbarten Kapitaldienst leistet, sprich seine Raten zahlt, ist alles gut. Werden die Raten nicht vereinbarungsgemäß gezahlt wird erstmal ein bisschen hin und her gemahnt und versucht, die Sache außergerichtlich zu regeln. Denn

Banken hassen Zwangsversteigerungen, da sie dabei praktisch immer Geld verlieren. Lässt sich die Angelegenheit jedoch nicht regeln, kommt es in letzter Konsequenz zur Zwangsversteigerung - die Grundschulden werden schlagend.

Und dabei spielt die Rangstelle der Grundschulden eine große Rolle. Die erste Rangstelle befriedigt sich vor der zweiten und die zweite vor der dritten und so weiter.

Was heißt das?
Sind im zu versteigernden Grundbuch beispielsweise zwei Banken mit ihren Grundschulden eingetragen, werden aus dem Versteigerungserlös zu erst die Forderungen der Bank an Rangstelle 1 in Abteilung III des versteigerten Grundbuchs beglichen.

Nur was dann noch übrig bleibt, kann die zweite Bank bekommen. Logisch, dass Banken also immer die erste Rangstelle haben wollen. Falls ein Gläubiger also eine oder mehrere Rangstellen danach akzeptiert, spricht man von einem Nachrangdarlehn. Es ist zwar grundbuchlich besichert und der Gläubiger könnte die Zwangsvollstreckung betreiben, würde im Fall der Fälle aber eventuell leer ausgehen. Also ein höheres Risiko im Vergleich zum ersten Rang, und Risiko hat seinen Preis. Sprich es werden für derlei Darlehn wesentlich höhere Zinsen verlangt. Falls du, wie oben vorgeschlagen, nun deiner eigenen Gesellschaft ein Nachrangdarlehn gewährst, zahlst du dir selbst diese höheren Zinsen.

Aber du musst eben erstmal Eigenkapital haben. Durch so eine Konstruktion sorgst du ja lediglich dafür, dass du dein EK durch Tilgung des Nachrangdarlehns wieder aus der Immobilie heraus bekommst und somit wieder Liquidität für das nächste Projekt frei wird.

39. Eigenkapitalgenerierung

Das bringt uns wieder zu der Frage, wie man EK generieren kann. Du hast dazu im wesentlichen drei Möglichkeiten:

1. Sparen - Du verzichtest auf Konsum und Investitionen und bildest so selbst Eigenkapital auf deinen Konten. So entsteht echtes Eigenkapital. Das dauert meistens am längsten und bedeutet eben Verzicht. Dafür gibt es hier keinen Haken, dass Geld ist wirklich deines.

2. Überfinanzieren - Du finanzierst bei einem Immobilienprojekt mehr als du eigentlich brauchst. Beispiel: Du kaufst ein Mehrfamilienhaus, an dem kleinere Reparaturen notwendig sind. Der Kostenvoranschlag der Handwerker beläuft sich auf 5.000 €. Du beantragst bei der Bank aber 15.000 € für die Instandsetzung und Modernisierung. Wenn es dann wirklich bei 5.000 € Kosten bleibt, hast du 10.000 € zur freien Verfügung, z.B. als Eigenkapital für den nächsten Deal. Damit das funktioniert, musst dich vor Antragstellung bei der Bank informieren, wie die Auszahlungs- und Nachweisbedingungen sind. Grundsätzlich ist bei Immobilienfinanzierungen nachzuweisen, dass das Geld in die finanzierte Immobilie geflossen ist. Bei den meisten Banken gibt es aber Freibeträge, für die auf Nachweise verzichtet werden kann. Natürlich macht

Überfinanzieren nur Sinn, wenn das Objekt trotzdem noch Überschüsse erwirtschaftet.

3. Einsammeln - Du sammelst das Eigenkapital anderer Leute für dein Projekt ein. Dafür musst Ihnen natürlich etwas zurück geben, meist Kapitaldienst. Aus deiner Perspektive ist das also eigentlich Fremdkapital. Aber aus Sicht der Bank nicht. Der geht es nur um deine Kapitaldienstfähigkeit und die Besicherung der Finanzierung. Wenn du beispielsweise 20.000 € EK einsetzen sollst, um die EK-Anforderungen der Bank zu erfüllen, dann ist es der Bank schnuppe, woher diese 20 Scheine kommen. So lange dadurch deine Kapitaldienstfähigkeit nicht zerstört wird.

Sagen wir mal du einigst dich mit einer Privatperson, die gerade nach einer Anlagemöglichkeit für ihr Geld sucht, auf folgende Konditionen: 2,5 % Tilgung und 2,5 % Zinsen, also 5 % Kapitaldienst -> 20.000 € x 0,05 = 1.000 €, du müsstest also jährlich 1.000 € abdrücken, hättest dafür aber dein EK-Problem gelöst. Bei kleinen Immobilien-Projekten können einem 1.000 € zusätzlicher Kapitaldienst im Jahr einem schon die Kalkulation verhageln, bei größeren Projekten wie einem Mehrfamilienhaus sollte das aber drin sein. Es gilt wieder der Grundsatz Liquidität vor Rentabilität.

Das bringt uns zu der Frage, wer bereit wäre, uns sein Geld zu leihen.

Hier kommen einem vielleicht Freunde und Familie in den Sinn, aber selbst wenn das Geld da wäre, ist das beziehungstechnisch natürlich ein Minenfeld. Deswegen geht es hier jetzt nur um Fremde, um Leute aus Utangard.

Damit dir jemand Geld leiht, muss er welches haben, anlegen wollen und dir vertrauen. Gucken wir uns die drei Punkte mal genauer an:

Dein potentieller Gläubiger muss Geld haben.
Wer weiss, wer Geld hat? Richtig, Banken. Die dürfen dir das aber nicht sagen, Bankgeheimnis.

Wer weiss das noch? Makler. Denn die wissen aus den Verkäufen, die sie vermittelt haben, wie viel Geld der Verkäufer damit gemacht hat. Außerdem gibt es Crowdfunding-Plattformen im Netz.

Und du kannst bei einem potentiellen Deal auch den Verkäufer selbst fragen, vielleicht will der sich ja nur vom Objekt trennen, weil er sich nicht mehr drum kümmern will und hat noch gar keine Verwendung für das Geld.

Dein potentieller Gläubiger muss anlegen wollen.
Falls er zwar Geld hat, das aber als schnell verfügbare Liquidität auf dem Konto liegen lassen möchte, wird er es dir wahrscheinlich

nicht leihen.
Wenn er das Geld hingegen anlegen möchte, kann es dir gelingen, ihn von deinem Investment zu überzeugen. Momentan bekommt man für sein Geld auf der Bank ja praktisch keine Zinsen, so dass du hier leicht attraktive Angebote machen kannst. Die entscheidende Frage wird eher sein, ob er dir vertraut.

Dein potentieller Gläubiger muss dir vertrauen.
Du kannst noch so gute Verzinsung anbieten, ohne ausreichend Vertrauen in dich wird dir niemand sein Geld leihen. Einer von vielen Gründen, dir langfristig ein großes Netzwerk aufzubauen. Jemand wird dir eher vertrauen, wenn er bereits jemandem vertraut, der dir vertraut. Vertrauen ist ansteckend.

Crowdfunding-Plattformen bringen im Internet Angebot und Nachfrage zusammen. Ansonsten kommt es vor allem auf dein persönliches Netzwerk an, das im Laufe der Zeit organisch wachsen wird.

40. Verkäuferdarlehn

Und wen du grundsätzlich immer fragen kannst, ist, wie bereits angerissen, der Verkäufer.
Ja richtig - den Verkäufer.

Überleg mal: Eine Immobilie soll verkauft werden. Beteiligt sind immer Verkäufer, Käufer, Notar und Gericht.

Dazu kommen sehr oft noch Banken und oft Makler. Alle Beteiligten wollen etwas positives aus dem Deal ziehen, aber alle bringen unterschiedliche Leistungen mit ein. Nehmen wir einmal an, der Deal ist auf einem guten Weg und der Verkäufer ist grundsätzlich bereit, an dich zu verkaufen. Und nun stell dir vor, unser Verkäufer möchte beispielsweise aus Altersgründen verkaufen und hat noch keine konkrete Verwendung für das Geld. Du auf der anderen Seite möchtest dein Eigenkapital schonen bzw. hast keins. Der eine hat bzw. bekommt Geld und muss es irgendwie anlegen, der andere braucht Geld.

Meist kommen jetzt die Banken ins Spiel und sammeln auf der einen Seite Geld ein und verleihen Geld auf der anderen Seite. Was die natürlich nicht umsonst machen. Eigentlich ginge es ja auch ganz ohne Bank - du kaufst das Objekt auf Raten, die du dem Verkäufer aus der Bewirtschaftung des Objektes zahlst. Darauf werden sich Verkäufer jedoch nur selten einlassen, das Risiko erscheint einfach zu groß.

Anders sieht die Sache aber aus, wenn du den vereinbarten Kaufpreis zahlst, dem Verkäufer dann aber eine gute Anlagemöglichkeit gibst. Nur für einen kleinen Teil des Kaufpreises. Vielleicht muss der Verkäufer ja auch noch was an seine Bank abdrücken oder will sich eine Harley kaufen. Aber warum sollte er nicht einen kleinen Teil des Kaufpreises in sein altes Objekt und seinen neuen Geschäftspartner, dich, investieren?

Das kann insbesondere für Verkäufer reizvoll sein, die emotional an dem Verkaufsobjekt hängen. Die ganze Idee des Verkäuferdarlehns ist natürlich recht unorthodox, viele werden noch nie davon gehört haben.

Die Kunst besteht also darin, die Idee attraktiv zu kommunizieren und den Verkäufer nicht abzuschrecken. Dabei musst du den Eindruck vermeiden, dass du kein Geld hast. Der Eindruck sollte wahrheitsgemäß sein, dass du für beide Seiten den besten Deal möchtest. Und Wahrnehmung ist Realität, also ist hier ganz entscheidend, wie dein Vorschlag rüberkommt.

Idealerweise könntest du den Deal auch ohne Verkäuferdarlehn machen und bietest dem Verkäufer einfach zwei Varianten an, einmal ohne und einmal mit Verkäuferdarlehn. Je nach dem wie viel dir das so ersparte

Eigenkapital wert ist, gestaltest du das Angebot mit Verkäuferdarlehn attraktiver. Binde bei derlei Vertragsgestaltung frühzeitig deinen Immobilienfinanzierer mit ein, um das Thema Eigenkaptialnachweis zu klären. Oder halte das Verkäuferdarlehn aus dem Antrag bei der Bank raus und verwende den vom Verkäufer geliehenen Betrag im Nachgang zur Aufwertung des Objektes oder um deine Kriegskasse wieder aufzufüllen.

Wir haben uns nun mehrere Möglichkeiten angeschaut, wie man das EK-Problem lösen kann. Sicherlich gibt es noch viele andere Möglichkeiten. Wichtig ist, dass du dir bewusst bist, dass es Möglichkeiten gibt. Denn du wirst nur nach guten Deals suchen, wenn du daran glaubst, dass sie möglich sind.

Das klingt zunächst banal, hat es aber in sich.
Zur Verdeutlichung:

Ein Unternehmer und ein Ökonom schlendern durch die Fußgängerzone. Plötzlich liegt ein 100 € Schein vor ihnen auf dem Boden. Der Unternehmer will sich gerade bücken und ihn aufheben, da sagt der Ökonom: "Lass es. Wenn das ein echter Schein wäre, hätte ihn schon jemand aufgehoben."

Und wenn alle wie der Ökonom denken, hebt ihn niemand auf.

Falls du denkst, du brauchst hohes

Kontoguthaben um die EK-Anforderungen der Banken zu erfüllen, wirst du eventuell sehr viel Zeit und Energie in die Beseitigung von Hindernissen investieren, die gar nicht da sind. Kämpfe nicht gegen Windmühlen. Gute Deals entstehen durch Interaktion verschiedener Menschen. Sei derjenige, der alle Beteiligten zusammenführt.

Dafür musst du nicht auf Bergen von Gold sitzen, sondern aufstehen und in die Welt hinausziehen.

41. Überblick über deine Finanzen

Was du auf jeden Fall brauchst, um deine Finanzen im Überblick zu behalten, ist eine Übersicht über deine Zahlungsströme und eine Übersicht über dein Vermögen & deine Schulden.

Für Privatpersonen gibt es da keine Vorgaben, nennen wir die Übersicht über deine privaten Zahlungsströme mal Haushaltsrechnung und die Übersicht über dein Privatvermögen Privatbilanz. Wir kommen gleich noch zu Rechtsformen wie der GmbH - da gelten dann klare gesetzliche Vorgaben, die du gemeinsam mit deinem Steuerberater erfüllen musst. Die Haushaltsrechnung heißt dann Gewinn- und Verlustrechnung (GuV) und die Privatbilanz wird zur Bilanz. Die Prinzipien bleiben aber die gleichen.

In der Haushaltsrechnung erfasst du all deine monatlichen Einnahmen und Ausgaben. Dabei orientieren wir uns an den Haushaltsrechnungen, die Banken mit ihren Kunden rechnen, um deren Kapitaldienstfähigkeit zu ermitteln. (Kapitaldienst ist die Summe von Zins und Tilgung, also die Rate, die du monatlich für deine Darlehn an die Bank zahlen musst.)

Das Ergebnis deiner Haushaltsrechnung ist also ein Faktor bei Kreditentscheidungen. Ein

Faktor, nicht DER Faktor. Stell dir beispielsweise vor, du möchtest eine Wohnung zum Vermieten kaufen und deine Haushaltsrechnung weist kaum Überschuss auf. Sagen wir mal du hast am Ende des Monats noch 100 € über, der Kredit für die Wohnung würde aber 500 € kosten. Klingt erstmal problematisch, aber die Wohnung soll ja vermietet werden - wenn also die Miete nach Abzug der Bewirtschaftungskosten für die Rate reicht, kann es trotz deiner Haushaltsrechnung klappen. Es kommt also mehr darauf an, gute Deals zu generieren, also einen riesigen Überschuss in deiner Haushaltsrechnung zu haben.

Dennoch brauchst du zwingend eine stets aktuelle und realistische Übersicht über deine Einnahmen und Ausgaben - vor allem für dich selbst, aber ggf. auch für Banken, um zu zeigen, dass du deine Finanzen im Griff hast. Nimm dir also mal die Zeit, deine Kontoumsätze in Ruhe zu analysieren und in Excel, Open Office oder einem vergleichbaren Tabellenkalkulationsprogramm zunächst all deine Einnahmen und darunter all deine Ausgaben zu erfassen.

Da haben wir ja all die Fixkosten wie Miete, Kreditraten, Internetanschluss etc. und Positionen, die monatlich schwanken, wie z.B. Nahrungsmittel, Sprit usw. Für die schwankenden Kosten solltest du einen realistischen Durchschnittswert ansetzen oder dich an den **Lebenshaltungspauschalen** der Banken orientieren. Eine beispielhafte Tabelle hier:

Nettoeinkommen	1 Person im Haushalt	2 Personen im Haushalt	3 Personen im Haushalt	4 Personen im Haushalt
1.500 €	530 €	780 €	1.080 €	1.370 €
1.750 €	540 €	790 €	1.080 €	1.380 €
2.000 €	610 €	810 €	1.090 €	1.380 €
2.250 €	700 €	900 €	1.100 €	1.390 €
2.500 €	790 €	990 €	1.190 €	1.390 €

Kommen wir zu deiner **Privatbilanz.**
Sie ist wichtig, weil sie dir den Überblick über dein Vermögen und deine Schulden gibt.
Hier ein vereinfachtes Beispiel:

Aktiva	Passiva
Immobilien = TEUR 1.000	Darlehn = TEUR 910
Kontoguthaben = TEUR 10	Eigenkapital = TEUR 100
Bilanzsumme = TEUR 1.010	Bilanzsumme = TEUR 1.010

Wie bereits besprochen siehst du in deiner Bilanz auch den monatlichen Anstieg deines bilanziellen Eigenkapitals durch die Tilgungen deiner Immobilienfinanzierungen, wenn du deine Restschulden aktualisierst. Du kannst die jeweiligen Beträge für jeden Monat aus den Zins- und Tilgungsplänen der Darlehn ablesen.

Natürlich musst du deine Bilanz nicht jeden Monat aktualisieren um den Vermögenseffekt zu haben. Mindestens zu Beginn des Jahres, wenn die Kontoauszüge deiner Darlehn kommen, solltest du die Zahlen aber aktualisieren.

Neben deinen Finanzierungen und deinem Eigenkapital solltest du auf der Passivseite deiner Bilanz noch zwei weitere Posten erfassen:

42. Rücklagen & Rückstellungen

Rücklagen sind Eigenkapital, das du für bestimmte Zwecke reservierst. Zum Beispiel für die Instandhaltung deiner Immobilien. Rückstellungen sind Verbindlichkeiten, also Schulden, die noch unbestimmt sind.

Beispiel: Eine deiner vermieteten Wohnungen wird von einer schlampigen Hausverwaltung verwaltet. Diese Hausverwaltung zieht die monatlichen Hausgelder nicht von deinem Konto ein. Du weist sie darauf hin, aber nichts passiert. Wenn du diese Gelder nun monatlich ausgibst, gehst du das Risiko ein, dass die schlampige Hausverwaltung eines Tages aufwacht und plötzlich viel Geld von dir haben möchte. Daher musst du diese Gelder zurückstellen. Du schreibst dir also einen Posten "Rückstellung Hausgelder" in deine Bilanz und sammelst das Geld auf einem deiner Tagesgeldkonten. Rückstellungen sind also unbestimmte Verbindlichkeiten, weil du nicht weisst wann und / oder in welcher Höhe sie fällig werden.

Die vielleicht wichtigsten Rückstellungen sind Steuerrückstellungen. Deine Mieteinkünfte musst du versteuern - und wenn du dafür nicht vorsorgst, bekommst du ernste Probleme mit dem Finanzamt. Diesen Kampf kannst du nicht gewinnen - also bleib unauffällig und zahl brav deine Steuern. Der Staat ist die mächtigste

Gang im Land, also ist es besser dein Schutzgeld zu zahlen und wo immer möglich durch geschickte Steuergestaltung mit Hilfe deines Steuerberaters vom System zu profitieren als dich mit ihm anzulegen. Wenn du damit Probleme hast, schlucke noch einige schwarze Pillen.

Wie hoch sollten diese Rückstellungen sein? Sprich darüber mit deinem Steuerberater, da sehr viele Faktoren in die Berechnung deiner Gesamtsteuerschuld mit einfließen.
Als sehr grobe Faustformel kannst du dich an folgendes Schema halten:

Cash Flow(= Warmmiete - Hausgeld - Kapitaldienst)
+ Tilgung (steigt bei Annuitätendarlehn jährlich!)
= zu versteuernde Mieteinkünfte

Gehört dir ein ganzes Mehrfamilienhaus und verwaltest es selbst, musst du kein Hausgeld an eine Hausverwaltung zahlen. Ziehe statt dessen Kosten ab, die dir selbst durch die Verwaltung entstehen, z.B. Kontoführungsgebühren etc.

Wie gesagt, such dir einen guten Steuerberater und sprich mit ihm. Deine Aufgabe als Immobilienunternehmer ist gute Deals zu generieren und deine Liquidität zu managen - nicht selbst zum Steuerfachmann zu werden.

Sowohl Rücklagen als auch Rückstellungen

sind enorm wichtig, um nicht zahlungsunfähig, sprich insolvent, zu werden. Du musst dich immer wieder arm rechnen und Konsum in die Zukunft verschieben.

Zu erst kommt dein Fürstentum, deine privaten Wünsche müssen warten. Noblesse Oblige.

Du wirst im Zuge deines Eroberungsfeldzuges immer wieder in die Versuchung kommen, Geld aus der Kriegskasse für privaten Konsum zu missbrauchen. Das ist ein sicherer Weg in den Ruin.

Bei den bereits besprochenen Steuerrückstellungen ist klar warum. Die Notwendigkeit für nicht eingezogene Hausgelder in entsprechender Rückstellungen zu bilden liegt ebenfalls auf der Hand.
Darüber hinaus solltest du natürlich Rücklagen für die Instandhaltung deiner Immobilien bilden. Es wird immer mal irgendetwas kaputt gehen oder erneuert werden müssen.

Ich persönlich bilanziere auch Rücklagen für den Erhalt meiner Mobilität. Irgendwann werden Motorrad und Pkw ersetzt werden müssen, das ist nur eine Frage der Zeit. Also schreibe ich mir eine entsprechende Position in meine Privatbilanz. Alles andere wäre doch Selbstbetrug.

Deine Bilanz soll ein möglichst realistisches

Bild deiner Vermögenssituation zeichnen. Und wenn du nur deine Immobilien und die dazugehörige Mittelherkunft bilanzierst, zeichnest du definitiv kein realistisches Bild.

Da bei Privatpersonen das natürlich niemand kontrolliert ist hier gesundes Augenmaß gefragt. Deine Rückstellungen werden logischerweise dein bilanzielles Eigenkapital deutlich reduzieren. Ich erinnere mich noch, dass ich in meiner Privatbilanz auf einen Schlag rund 40.000 € EK verloren habe, als ich der Wahrheit ins Auge gesehen habe und zum ersten mal entsprechende Posten gebucht habe.

Das fühlt sich vielleicht nicht gut an, ist aber unwahrscheinlich wichtig, um ein realistisches Bild deiner Finanzen zu bekommen. Das ist deine Eigenverantwortung - nicht die deines Steuerberaters.

43. Unternehmensformen

Schauen wir uns nun mal verschiedene Unternehmens- bzw. Rechtsformen an, die für dich im Kontext Immobilien erwerben relevant sein können.
Die größte Praxisrelevanz haben der Erwerb als Privatperson, GmbH und GbR.

Das einfachste Modell ist der Kauf als Privatperson.
Du persönlich bist Käufer und wirst Eigentümer im Grundbuch. Nimmst du Darlehn auf, haftest du unbegrenzt mit deinem Privatvermögen. Steuerlich werden deine Einkünfte aus Vermietung mit all deinen anderen Einkünften verrechnet. Nach zehn Jahren kannst du steuerfrei verkaufen. Das wäre z.B. bei einer GmbH nicht so. Aus meiner Sicht gehören Immobilien, die du langfristig halten und vermieten möchtest, grundsätzlich in den Privatbestand. Nicht prinzipiell, aber grundsätzlich.

Vom Grundsatz abweichen macht ggf. dann Sinn, wenn man mit Geschäftspartnern gemeinsam Objekte erwerben will - insbesondere, wenn es mehrere Geschäftspartner sind. Denkbar wäre auch, dass du dir zunächst einen gewissen Privatbestand an Immobilien aufbaust, die ausreichen um dich und deine Familie zu ernähren, sobald sie abgezahlt sind; und dann für weitere Expansion und mehr Risiko eine GmbH gründest.

Für riskantere Geschäfte als langfristige Vermietung, also z.B. Fix & Flip, sprich eine alte Immobilie mit größerem Investitionsbedarf kaufen, diese aufwerten und wieder verkaufen, macht eine GmbH in jedem Fall Sinn.

Die GbR, also die Gesellschaft bürgerlichen Rechts, kann dann sinnvoll sein, wenn du zwar nicht als Privatperson kaufen möchtest, aber den Aufwand und die Kosten einer GmbH-Gründung scheust. Im folgenden ist mit GbR keine de-facto-GbR, wie z.B. Eheleute, sondern eine GbR mit Gesellschaftsvertrag gemeint, die als juristische Person selbst Käufer und Eigentümer im Grundbuch wird.

Ganz wichtig ist, dass es eine GbR nur mit mindestens zwei Gesellschaftern geben kann, du alleine kannst also keine GbR betreiben - anders bei der GmbH.

Eine GbR macht ggf. dann Sinn, wenn du mit mindestens einem Geschäftspartner gemeinsam eine Immobilie kaufen und bewirtschaften willst, insbesondere, wenn es mehr als ein Geschäftspartner werden. Denn so lässt sich klar regeln, wer wie viel in das gemeinsame Projekt einbringt und wer wie viel heraus ziehen darf. Insbesondere im Kontext Eigenkapitalersatz / Nachrangdarlehn kann es sinnvoll sein, statt gemeinsam als Privatpersonen als GbR zu kaufen. Auf den Verkauf von Anteilen einer GbR, die Immobilien hält, fällt übrigens keine Grunderwerbsteuer an. Es bedarf auch nicht der erneuten notariellen Beurkundung.

Deine Haftung ist bei einem GbR-Konstrukt analog Kauf als Privatperson unbegrenzt. Anders bei einer GmbH, also einer Gesellschaft mit beschränkter Haftung. Wie der Name schon sagt, ist hier die Haftung beschränkt - nämlich auf das Vermögen der GmbH. Dein persönliches Vermögen und Einkommen ist außen vor - das bedeutet, dass deine GmbH Risiken eingehen kann, die du privat nicht eingehen würdest. Und um Geld zu verdienen, müssen Risiken eingegangen werden.

Eine GmbH kann auch alleine, ohne weitere Gesellschafter, gegründet und betrieben werden. Die Beschränkung der Haftung auf das Vermögen der GmbH greift jedoch erst, wenn mindestens 25.000 € Stammkapital in die GmbH eingebracht wurden. Das kann in Form von Wertgegenständen oder in Form von Geld erfolgen. Wichtig zu verstehen ist, dass das Stammkapital der GmbH nicht irgendwo hinterlegt werden muss, sondern wieder in die Tätigkeit der GmbH investiert werden kann.

Du musst also nicht 25 Scheine einzahlen damit du dann mit anderem Geld arbeiten darfst, sondern kannst direkt mit dem

Stammkapital arbeiten.

Aber was tun wenn du keine 25.000 € hast?

Als ich 2017 meine GmbH gegründet habe, konnte ich 12.500 € zusammen kratzen. In meinem ersten Berufsleben war ich Soldat, und insbesondere durch meine 187 Tage in Afghanistan konnte ich in dieser Zeit einiges ansparen. Nun konnte ich die GmbH mit Einzahlung des halben Stammkapitals gründen und verpflichtete mich, baldmöglichst die zweite Hälfte einzuzahlen. Ich hatte mich von Steuerberater und Notar dazu beraten lassen und wusste, dass die Haftungsbeschränkung jedoch erst mit der Einzahlung der zweiten Hälfte greift und bis dahin mein Privatvermögen mithaftet.

Der Zweck dieser GmbH war und ist die Abgrenzung von Fix&Flip-Geschäften von privater Vermietung, insbesondere aus steuerlichen Gründen. Für das erste Fix&Flip Projekt, also der Kauf eines alten Hauses was dann umfangreich aufgewertet und wieder verkauft wurde, musste ich mir viel Geld von der Bank leihen. Diese Geld ist natürlich komplett in die Arbeiten am Haus geflossen, 12.500 € wurden jedoch zuerst als Stammkapital in die GmbH eingezahlt und erst danach ins Objekt investiert. So wurde die Gründung abgeschlossen und die Haftungsbeschränkung aktiviert.

Das hätte theoretisch auch ohne die ersten 12,5 Scheine an privater Kohle geklappt - zunächst Einzahlung von einem symbolischem Euro und dann später die Einzahlung von 24.999 € aus dem Kredit für das Haus.

Für diesen Kredit habe ich natürlich unbegrenzt privat gehaftet - wer würde einer unfertigen GmbH, die nichts vorzuweisen hat, schon einen sechsstelligen Kredit geben?

Aber so wurde die Haftungsbeschränkung gegenüber allen anderen Geschäftspartnern der GmbH erreicht, was auch schon mal ruhiger schlafen lässt.

Das war also ein so genanntes Gesellschafterdarlehn - einer der Gesellschafter der GmbH leiht privat seiner GmbH Geld.

Du siehst also, dass du für die Gründung einer GmbH praktisch kein Eigenkapital benötigst, wenn du es richtig organisierst. Lediglich die Gründungskosten bei Notar und Gericht solltest du aus meiner Sicht auf jeden Fall selbst bezahlen können, das waren bei mir 262 € für den Steuerberater, 150 € für das Amtsgericht und 800 € für den Notar, also insgesamt 1.212 €.

44. Gesellschafterdarlehn

Gehen wir abschließend nochmal auf das Thema Gesellschafterdarlehn ein, was zweifach relevant ist.

Beim Thema Eigenkapital hatten wir unter der Überschrift Nachrangdarlehn bereits die Möglichkeit erwähnt, dass Privatpersonen einer juristischen Person wie einer GmbH Darlehn gewähren. Ist der Darlehnsgeber nun einer der Gesellschafter, sprich Anteilseigner der GmbH, spricht man von einem Gesellschafterdarlehn.

Insbesondere zu Beginn, wenn dein Unternehmen noch nichts vorzuweisen hat, werden Banken viel lieber dir privat, mit deiner unbeschränkten Haftung, Kredite geben als einem unbekannten Unternehmen, dessen Haftung beschränkt ist. Das ist kein echtes Problem, da du per Gesellschafterdarlehn das Geld einfach an deine Firma weiterverleihen kannst.

Dafür schreibst du dann selbst einen Kreditvertrag mit deinem Unternehmen - den du dann einmal als Darlehnsgeber und einmal als Darlehnsnehmer unterschreibst - klingt schizophren, ist aber juristisch einwandfrei, sofern du nicht den Beschränkungen des Paragraphen 181 des Bürgerlichen Gesetzbuches unterliegst. Das muss bei

Gründung deiner Gesellschaft bedacht und die Befreiung von diesen Beschränkungen entsprechend im Gesellschaftsvertrag festgehalten werden.

Solche Darlehnsverträge zwischen Gesellschaft und Gesellschafter müssen fremdüblich sein, damit das Finanzamt sie anerkennt. Wenn du die Konditionen des Darlehns-/Kreditvertrages zwischen dir und der Bank einfach 1 zu 1 übernimmst, ist die Fremdüblichkeit auf jeden Fall gegeben.

Es macht ja auch Sinn, dass dein Unternehmen dir den Kapitaldienst ersetzt, den du privat für dein Unternehmen aufbringst. So kannst du also gerade zu Beginn deinem Unternehmen die notwendigen Mittel verschaffen, um ins Arbeiten zu kommen. Später, wenn deine Gesellschaft vielleicht mehr Geld hat als du privat, kann das gleiche Konstrukt auch anders herum genutzt werden.

Wenn die Rollen getauscht werden und ein Gesellschafterdarlehn von deiner Gesellschaft an dich fließt, zahlst du quasi Zinsen an dich selbst. Aber warum nicht einfach das Geld aus dem Unternehmen an dich privat überweisen und gut ist?

Wegen der Besteuerung. Sobald du dir Geld aus deinem Unternehmen auszahlst, musst du es auf privater Ebene versteuern. Nehmen wir wieder an du hast eine GmbH und stellst dich

selbst als Geschäftsführer an. Dann zahlt dir deine GmbH monatlich ein Gehalt - worauf du Einkommensteuer zahlen musst. Auf Ebene der GmbH ist das Gehalt zwar ein Aufwand und mindert den zu versteuernden Gewinn der GmbH, aber auf privater Ebene passiert das Gegenteil.
Eine GmbH zahlt Gewerbe- und Körperschaftssteuer, was sich auf rund 30 % summiert, je nach dem konkreten Gewerbesteuersatz an deinem Standort.
Als Privatperson zahlst du bis zu 42 bzw. 45 % Einkommensteuer, je nach Höhe deines zu versteuernden Einkommens.

Also macht es doch unter sonst gleichen Bedingungen Sinn, Gewinne in der GmbH zu versteuern statt sie dir als Gehalt auszuzahlen. Natürlich wird es jedoch Situationen geben, in denen du privat das Geld deiner GmbH ausgeben möchtest. Nehmen wir beispielsweise an, du möchtest dir ein neues Motorrad kaufen. Eine teure Harley Street Glide. Deine GmbH steckt voller Kohle und du hast mehrere Möglichkeiten:

1. Du schüttest dir den Betrag in einer Summe aus.
2. Du zahlst dir den Betrag verteilt auf mehrere Monate als Gehalt aus.
3. Du leihst dir den Betrag von deiner GmbH.

Variante 1 ist sicherlich die schlechteste - hier kommt es zu einer Doppelbesteuerung. Die

GmbH muss die Ausschüttung als Gewinn versteuern und du privat musst ebenfalls Steuern darauf zahlen.

Variante 2 macht mehr Sinn, hier mindert das Gehalt den zu versteuernden Gewinn der GmbH, aber du musst privat Steuern auf dein Gehalt zahlen.

Variante 3 ist am günstigsten - hier muss nur die GmbH Steuern zahlen, und zwar auf die Zinsen, die du ihr zahlst.

Rechnen wir das mal anhand eines Beispiels durch: Du willst 30.000 € von deiner GmbH haben. Bei der Ausschüttung in einer Summe würde die GmbH rund 30 % Steuern darauf zahlen. Es kommen also 30 x 0,7 = 21 Scheine bei dir an. Darauf zahlst du deinen persönlichen Steuersatz von beispielsweise 40 %. Bleiben am Ende 21 x 0,6 = 12,6 Scheine für deine Harley.

Wenn wir annehmen dein persönlicher Steuersatz bleibt konstant bei 40% und zahlst dir die 30k verteilt auf 12 Monate als Gehalt aus, würden in Summe 30 x 0,4 =12 Scheine ans Finanzamt gehen. Bleiben dir 18.000 € für die Harley.

Leihst du dir hingegen die 30.000 € von deiner GmbH, kommen 30 Scheine bei dir an. Die du im Rahmen eines fremdüblichen Kreditvertrages wieder an die GmbH zurück zahlst. Angenommen, du zahlst 4 % Zinsen p.a. - dann muss deine GmbH im Jahr 30.000 x 0,04 = 1.200 Euro Zinseinnahmen versteuern. 1.200 € x 30 % Steuersatz sind 360 €.

Sich Geld von seinem eigenen Unternehmen zu leihen und darauf Zinsen zu zahlen klingt vielleicht erstmal widersinnig, kann aber wie gezeigt je nach persönlichem Steuersatz bzw. Gesamteinkommen durchaus lohnend sein. Und um so größer die Beträge, um so deutlicher spürst du den Unterschied.

Disziplin

45. Ins Handeln kommen

Die bisherigen Kapitel haben dir vermutlich in vielfacher Weise die Augen geöffnet. Du siehst innere und äußere Welt jetzt anders. Aber das reicht nicht. Alles Wissen ist lediglich Machtpotential. Nur angewandtes Wissen ist Macht.
Macht kommt von machen. Du musst ins Handeln kommen. Am Ende zählen nur Taten.
Wie also nun angreifen?

Der Weg vorwärts ist der Weg der Disziplin. Wenn wir uns die Zukunft als weiße Landkarte, als Feld unendlicher Möglichkeiten, vorstellen - wie navigieren wir unseren Vormarsch? Wie materialisieren wir unseren Willen in der Welt?

Durch Disziplin und kluge Nutzung des Kriegstagebuchs.

Stell dir zunächst folgende Fragen:

Wie viel Zeit verschwendest du?
Was sind deine Gewohnheiten?
Wer oder was hat deine Aufmerksamkeit?

Deine Antworten fallen vermutlich diffus und eher ernüchternd aus. Wahrscheinlich verschwendest du jeden Tag mehrere Stunden deiner kostbarsten Ressource - deiner Lebenszeit. Wenn du keine konkrete Aufgabe hast, dann suchst du wahrscheinlich unbewusst nach einem kleinen aber sofortigen Quäntchen Glück - ein Stück Schokolade hier, eine halbe Stunde YouTube da.

Deine Gewohnheiten sind vermutlich von viel Smartphone und wenig Sinn geprägt - du hast keine sinnvollen Rituale. Deine Aufmerksamkeit verschwendest du wahrscheinlich großteils an die unendlichen Konsumangebote des Reich des Nichts, anstatt sie konsequent deinem Vorankommen zu widmen.

Um voran zu kommen, musst du dir zunächst mal deine Ausgangslage bewusst machen und ein objektives Bild deines Zeitkonsums bekommen. Nimm dir ein Blatt Papier und drucke oder zeichne darauf 7 x 24 Kästchen. Jedes Kästchen repräsentiert eine Stunde deiner Woche. Notiere eine Woche lang, was du in jedem Kästchen gemacht hast.

Sei ehrlich zu dir selbst. Auch und gerade wenn es schmerzt.

Wenn du hauptberuflich Arbeitnehmer bist, kämpfst du in zwei Kriegen. Einer ist fremdbestimmt und dauert ungefähr 40 Stunden pro Woche. In diesem Krieg bist du Söldner - und dein Auftraggeber teilt seine Kriegsbeute nicht mit dir.
In deinem anderen Krieg bist du der Feldherr. Wenn du 60 Stunden pro Woche für Schlafen und Verpflegen abziehst, bleiben dir 68

Stunden für deinen eigenen Krieg. Hier gehört die Beute dir.

Deinen eigenen Krieg gewinnen bedeutet produktiv zu sein.

Produktivität = Zeit x Fokus

Und wer mehr Wert produziert, ist mehr wert und steigt auf. Qui plus fait, mieux vault.

Hör auf, deine Lebenszeit zu verschwenden. Hör auf, dem sofortigen kleinen Quäntchen Glück hinter her zu jagen. Hör auf, dich von deinem Smart Phone ablenken zu lassen. Hör auf, dir deine Aufmerksamkeit von Konsumangeboten stehlen zu lassen. Hör auf, Dinge zu tun, von denen du weisst, dass du sie nicht tun solltest.

Deine Zeit und deinen Fokus kontrollicrst du mit Disziplin. Dein wichtigstes Hilfsmittel dabei ist dein Kriegstagebuch. Fangen wir damit an.

46. Das Kriegstagebuch

In seinem Streben nach Weisheit hängt sich Odin an den Weltenbaum, verwundet von seinem eigenen Speer, um das Wissen über die Runen zu erlangen, um sie lesen und schreiben zu können.
Er hängt dort ohne Speis & Trank für neun Tage und Nächte und opfert sich selbst für sich selbst.

Odin wusste, wie mächtig Lesen und Schreiben sind.

Der Weg vom Barbar zum Fürst ist eine große motivierende Aufgabe. Aber wie sieht dieser Weg jeden einzelnen Tag konkret aus? Wir müssen präzise in unserer Sprache sein, und klar identifizieren, was der nächste Schritt ist. Vom nebulösen, unkonkreten, großen Ziel zum kleinen, konkreten, präzisen Ziel. Theoretisch ist das simpel, aber dann kommt unser Alltag ins Spiel. Nur weil du dir große Ziele gesetzt hast, hören die banalen Alltagsanforderungen nicht plötzlich auf.

Du wirst deine Ziele nur erreichen können, wenn du deinen Alltag im Griff hast. Das Kriegstagebuch ist dein wichtigstes Werkzeug des Alltagsmanagements.

27 ungelesene WhatsApp Nachrichten, 8 Anrufe auf dem dienstlichen

Anrufbeantworter, 5 Mailbox-Benachrichtigen auf dem Handy, mehrere ungeöffnete Briefe, drei verschiedene Email-Postfächer die sich langsam füllen, dicke Stapel von Unterlagen, die noch gesichtet werden müssen und zahllose Datenfriedhöfe überall. Wie im Pulverdampf des Alltags den Überblick bewahren? Zahllose kleine und große Aufgaben müssen unter einen Hut gebracht werden, der Job, private Projekte, soziale Verpflichtungen und so weiter. Das alles in einem Umfeld, in dem Informationen aus zahllosen Kanälen auf uns einprasseln. Mail, WhatsApp, Telefon, Facebook, physische Post, YouTube, Instagram, Twitter und wie sie alle heißen. Gleichzeitig haben wir natürlich auch unendlich viele Möglichkeiten, Informationen zu filtern, zu verarbeiten und abzulegen. Zum Beispiel in unseren Mail-Programmen, in Evernote, in Word-Dateien, in physischen Kalendern, Ordnern und Notizbüchern, in unseren Smartphones, in Cloud-Speichern wie der DropBox und so weiter.

Die Lage ist also: Viele verschiedene Eingangskanäle und viele verschiedene Verarbeitungs- und Ablagesysteme. Input von allen Seiten, auf allen Kanälen, rund um die Uhr. Was davon ist wichtig? Was davon sollten wir am besten ignorieren?

Während du noch darüber nachdenkst, was Priorität hat, kommen noch mehr Nachrichten, Mails und Anrufe dazu. Also einfach auf das reagieren, was am lautesten schreit? Wer drängelt kommt zu erst dran? Dann bist du nur noch in Reaktion. Wenn du das Heft des Handelns in der Hand halten willst, agieren statt reagieren willst, kann das nicht die Lösung sein.

Treiben dich deine Umstände oder treibst du deine Umstände? Ist deine Umwelt dein Produkt oder bist du ein Produkt deiner Umwelt? Wenn du deine Ziele anstatt der Ziele anderer erreichen willst, musst du das Steuerrad deiner Aufmerksamkeit immer fest im Griff halten.

Deine Aufmerksamkeit ist in Zeiten von unendlichem Ablenkungspotential deine wertvollste Ressource. Alle wollen sie, die meisten um damit Geld zu verdienen. Wie viel deiner Aufmerksamkeit verkaufst du an deinen Arbeitgeber und wie viel Aufmerksamkeit verschenkst du an Social Media? Die Verteilung deiner Aufmerksamkeit und deines kognitiven Potentials bestimmt, ob du Arbeits- und Konsumdrohne oder frei bist.

Wie also durch den Ozean von Informationen navigieren? Wie verhindern, sich im Netz der Aufmerksamkeitsfischer zu verheddern?
Durch kluge Nutzung des Kriegstagebuchs. Das eine Steuerrad, um trotz Datenflut und den Stürmen des Alltags deine Ziele zu erreichen. Es ist das Meta-Informationssystem - die Nutzung aller Apps, Programme,

Anrufbeantworter, und somit letztlich meiner Zeit und Aufmerksamkeit, richtet sich nach den Schwerpunkten, die ich mir hier setze.

Es ist ein Werkzeug um deinen Willen in der Welt zu realisieren - nicht um deine Gefühle oder ähnliche Belanglosigkeiten auszubreiten. Sich mit Gefühlen auseinander zu setzen, kann manchmal richtig und wichtig sein, aber nicht im Kriegstagebuch. Hier geht es um deinen persönlichen Kriegspfad - darum, deine Ziele zu erreichen und deinen Willen zu manifestieren. Das Kriegstagebuch ist der Marschkompass auf dem Weg vorwärts.

Ich persönlich benutze eine gebundene Hardcover Kladde in DinA4, aber kleinere Formate können auch gut funktionieren, je nach dem wie voll deine Tage sind und was sich gut in deine Arbeitsumgebung integrieren lässt. Aber in jedem Fall sollte das Kriegstagebuch papierhaft und nicht digital sein. Das hat eine Reihe von Gründen, insbesondere Zuverlässigkeit / Unabhängigkeit von Strom und Internet, Abgrenzung von der digitalen Informationsflut und die Freiheit nicht nur mit Text sondern auch mit Skizzen und Symbolen zu arbeiten.
Mit der Zeit entwickelt sich durch Handschrift, verwendete Symbole und Struktur etwas ganz persönliches, dein Steuerrad fügt sich genau in deine Hände ein.

Jeder Tag bekommt eine Seite. Wenn der Platz

nicht reicht, wähle ein anderes Format oder hinterfrage, was du alles aufschreibst. Beginne oben mit Wochentag und Datum. Darunter kommen deine Morgenrituale - beispielsweise Frühsport und / oder Meditation. Dann kommen die Aufgaben des Tages. Idealerweise schreibst du sie gleich in Reihenfolge der Erledigung bzw. nach Priorität auf. Falls du erstmal sammelst, markiere später die wichtigste Tagesaufgabe mit einem Symbol. Ganz unten schreibst du bereits bei Einrichtung der Seite *Sieg des Tages*, den du dann am Ende des Tages reflektierst.

Wir sind das was wir wiederholt tun. Vorzüglichkeit ist daher keine Handlung, sondern eine Gewohnheit.
- Aristoteles

Du machst Kämpfen, Siegen und Gewinnen also besser zu dcinen Gewohnheiten.

Informationen sollten generell da abgelegt werden, wo du sie brauchst. Wenn du beispielsweise tagsüber am PC arbeitest, bietet es sich an, die Aufgaben für deine Zeit am PC auch dort zu verwalten. Nehmen wir mal an, du bekommst einen Großteil deiner Informationen, Aufgaben, Termine usw. per Mail. Dann macht es Sinn, eben diese Daten auch in deinem Mailprogramm zu verwalten. Das Kriegstagebuch dient deinem Überblick, soll dir helfen, deine Prioritäten nicht aus den Augen zu verlieren, dich nicht vom

Alltagswahnsinn von deinem Kriegspfad abbringen zu lassen, es soll nicht bloß ein Protokoll aller kleinen Alltagsaufgaben sein.

Jeder Tag bekommt einen Schwerpunkt - das Hauptziel des Tages. Auch wenn alles aus dem Ruder läuft und deine Pläne für den Tag über den Haufen geworfen werden, diese eine Sache muss erledigt werden und hat Vorrang vor allen anderen Aufgaben. Jeden Tag selbst zu bestimmen was das Ziel des Tages ist, anstatt dich einfach planlos deinem Alltag auszuliefern, ist elementar um auf dem richtigen Pfad zu bleiben. Allein schon dadurch, dass du dich jeden Tag fragst, was heute am wichtigsten ist, wird dir viel bewusster werden, was du tust.

Auch psychologisch hat es natürlich einen starken Effekt, ein konkretes, selbst gesetztes Ziel zu haben. Jeder Tag bekommt einen Sinn, wird bedeutungsvoll.

Am Ende jeden Tages nimm dir ein paar Minuten Zeit, um den Tag zu reflektieren. Was war gut, was war schlecht? Finde in jedem Fall einen Sieg des Tages und schreibe den auf. Es gibt immer einen Sieg des Tages – auch wenn er an manchen Tag vielleicht lautet:
Ich lebe noch.

Das heißt nicht, dass du jeden Tag Heldentaten vollbringen musst. Nach einer produktiven Woche kann das Ziel des Tages auch sein, zu entspannen, abzuschalten und dich zu erholen. Es geht viel mehr darum, bewusst zu leben und dein Leben selbst zu gestalten, anstatt von deinen Umständen gelebt zu werden. Was an den meisten Tagen natürlich das Bewältigen von Aufgaben, das Lösen von Problemen, bedeutet.

Deswegen wird es auch immer Seiten in deinem Kriegstagebuch geben, die wie eine große To-Do-Liste wirken. Etliche Aufgaben samt Checkboxen zum Abhaken. Das ist ok, so lange diese Aufgaben sinnvoll sind und du dich nicht einfach nur mit Kleinkram von den wirklich wichtigen, meist schwierigen, Dingen ablenkst.
Die Frage was du tust, ist unendlich viel wichtiger als die Frage, wie viel du tust.

Dinge aufzuschreiben ist der erste Schritt um sie zu realisieren. Wenn ein Gedanke es durch deine Hand aufs Papier schafft, hat seine Materialisierung schon begonnen. Was aufgeschrieben wird, geschieht. Das ist keine Esoterik oder Magie, sondern liegt schlicht daran, dass du deine Gedanken und Ideen viel ernster nimmst, wenn du sie aufschreibst. Wenn ich etwas in mein Kriegstagebuch geschrieben habe, merkt sich mein Unterbewusstsein das als wichtig. Und wenn ich eine konkrete Aufgabe am Ende des Tages nicht erledigt habe, übertrage ich sie auf die nächste Seite, in den nächsten Tag. Allein diese beiden Punkte, durchs Schreiben das

Unterbewusstsein programmieren und Aufgaben bis zur Erledigung immer wieder auf die nächste Seite zu übertragen, sorgen dafür dass du tust was du schreibst.

Und was du tust, formt dein Leben. Und, Schritt für Schritt, auch deine Welt. Das bringt uns wieder zurück zur Frage, ob du dein Leben lebst oder das Leben dich lebt. Ob du Produkt deiner Umwelt bist, oder deine Umwelt ein Produkt von dir.

Das Kriegstagebuch ist auf deinem Kriegspfad unverzichtbar, da es deine Willenskraft fokussiert.

Kommen wir also zur Disziplin – deinem inneren Feuer, das alle Hindernisse mit blauer Flamme verbrennt.

47. Disziplin

Wie erreicht man praktisch jedes gegebene Ziel? Indem man es in viele kleine Teilziele zerlegt und diese diszipliniert abarbeitet. Motiviert ist gut, aber diszipliniert ist besser. Motivation kommt und geht, aber das Ziel bleibt. Es ist entweder erfüllt oder nicht. Motivation sorgt für die nötigen Arbeitsschritte, so lange das Ziel begeistert und fasziniert. Aber wenn Begeisterung und Faszination verblassen, das Ziel jedoch nicht erreicht ist - dann hilft nur Disziplin.

Disziplin ist, wenn du keine Lust hast, aber trotzdem tust, was zu tun ist. Disziplin ist Selbstbeherrschung, über deinen Impulsen stehen, die Freiheit zu schaffen, was dir wirklich wichtig ist.

So weit deine Selbstbeherrschung geht, so weit geht deine Freiheit. - Marie von Ebner-Eschenbach

Ohne Disziplin bleiben nur innere und äußere Impulse, du bleibst Spielball deiner Umstände. Disziplin ermöglicht dir, freien Willen zu entfalten, Dinge zu tun, die du wirklich tun willst, deine Gewohnheiten zu überwinden und deine Lebenszeit bewusst zu verbringen. Disziplin ist dein wichtigstes inneres Werkzeug, um deine Ziele zu erreichen - diszipliniert zu sein ist somit ein Ziel an sich.

Aber wie bekommt man Disziplin und wie kann man sie steigern?

Du kannst dich jeden Moment zu diszipliniertem Handeln entscheiden - oder zu undiszipliniertem. Denk an den Raum zwischen Reiz und Reaktion. Du hast immer die Wahl. Also triff den Entschluss. Jetzt. Und dann wiederholen und langsam die Schwierigkeit erhöhen - wie bei jedem Training.

Du kannst beispielsweise damit anfangen, jeden Morgen einen Satz Liegestütz zu machen. Oder eine eiskalte Dusche nehmen. Oder eine halbe Stunde früher aufstehen und deinen Haushalt in Ordnung bringen. Der Punkt ist, dir selbst jeden Tag zu zeigen, dass du tust, was du dir vorgenommen hast. Dass du dich hundertprozentig auf dich verlassen kannst und dich keine Ausreden von deinem Weg abbringen.

Das schafft Selbstvertrauen, womit du dir dann größere Ziele vornehmen kannst. Was nicht bedeutet, dass du dann nicht mehr jeden morgen deine Liegestütz machen brauchst. Diese täglichen kleinen **Rituale** (siehe auch *Das Glück ist ein Freund des Starken*) sind für ein ganzes Leben, nicht nur für ein paar Monate gedacht. Wir sind, was wir wiederholt tun - und wenn du dich für Disziplin als deinen Weg entschieden hast, dann gilt das für immer.

Niemand wird dich zwingen, und es wird Situationen geben, in denen Liegestütz oder kalte Dusche oder Haushalt machen praktisch nicht möglich ist. Aber an den meisten Tage ist es möglich, und wenn du dich selbst beobachtest, wirst du es nicht lange ertragen, dir bei Faulheit und Schwäche zuzusehen. Wenn deine innere Stimme dir sagt, dass du dich besser fühlen würdest, wenn du einfach deinen Arsch hoch kriegen und tun würdest, was zu tun ist - dann beginnst du zu verstehen.

Disziplin funktioniert letztlich über dein Warum dahinter. Disziplin ist das wichtigste innere Werkzeug zum Erreichen deiner Ziele, aber was sind deine Ziele und warum?

Fehlgeleitete Disziplin kann schreckliche Auswirkungen haben, es ist entscheidend, wofür du deine Disziplin einsetzt. Du kannst daran arbeiten, die Dinge besser zu machen - oder schlechter, entweder oder. Es ist nicht egal was du mit deinem Leben anfängst. Wenn das nicht wahr wäre, wäre jedes Streben nach Verbesserung sinnlos, man könnte einfach auf der Couch liegen bleiben und sein Leben mit Pizza, Bier und Netflix verbringen. Nichts hätte Bedeutung. Aber es ist nicht egal. Es gibt richtig und falsch, gut und böse, wahr und unwahr. Und nein, das ist eben nicht alles subjektiv.

Aber wen interessiert es denn wenn ich mein Leben verschwende? Wenn dich selbst das nicht genug interessiert, um deinen Arsch hochzukriegen, dann denk doch mal an all die Menschen, deren Leben du beeinflusst. Du bist entweder ein positiver oder ein negativer Einfluss, niemals neutral.

Aber ich schade doch niemandem mit der Verschwendung meines Lebens! Doch, weil du somit ein weiteres Beispiel dafür setzt, dass es ok ist. Dass das genug ist. Dass das das Leben ist. Und damit beeinflusst du deine Mitmenschen, ob du willst oder nicht. Also strebe nach Verbesserung, mach die Dinge besser.
Frage dich, was du tun könntest, um die Dinge ein kleines bisschen besser zu machen.

Wenn du diese Frage ehrlich beantwortest, kommt vermutlich eine sehr lange Liste zusammen. Dann frage dich, was von der Liste du auch wirklich tun würdest. Und dann tu genau das. Das sagt und denkt sich leicht an einem guten Tag. Die Frage ist, was tust du an den schlechten Tagen? Wenn du dich vom Chaos des Lebens überwältigt fühlst und dich am liebsten unter der Bettdecke zusammen rollen möchtest. Gibst du auf, um Chaos und Unsicherheit in Zukunft möglichst aus dem Weg zu gehen, oder sammelst du dich nur kurz um dann wieder anzugreifen?

Das hängt von deinem Warum ab. Wozu sollst du wieder angreifen? *Ich bin froh, wenn es mir wieder besser geht und mich etwas erholt habe, wofür soll ich mich nochmal in die Schlacht stürzen? Ist es das wert?*

Verständliche Gedanken. Es ist leicht, auf der Couch zu bleiben. Uns steht praktisch unbegrenzte Ablenkung zur Verfügung, das Angebot an Unterhaltungsmedien reicht für mehr als ein Leben. Also schleppst du dich zur Arbeit und lenkst dich in deiner Freizeit mit Netflix and Chill von deinen Problemen ab. Ab und zu unternimmst du was mit deinen Freunden, wobei unternehmen saufen bedeutet. Das kann man ein paar Jahre so machen, aber irgendwann wirst du denken, dass dir etwas im Leben fehlt und du kriegst tatsächlich mal den Arsch hoch und fängst etwas neues an. Aber dann tauchen die ersten Schwierigkeiten auf und du findest dich frustriert auf der Couch wieder. Auch das kann man ein paar mal so machen. Bis du von diesem Zyklus von motiviertem Neubeginn und frustriertem Aufgeben schon im Vorfeld so frustriert bist, dass du einfach gleich auf der Couch bleibst.

Also bleibt es bei Arbeit, Ablenkung und gelegentlichem Feiern. So gehen die Jahre dahin und das war's dann im Großen und Ganzen.

Die Antwort darauf ist Disziplin. Beim Auftreten von Schwierigkeiten kurz sammeln und wieder angreifen. Fehler analysieren, besser machen. Immer wieder von der Couch aufstehen. Aber wozu?

1. Wenn du auf der Couch bleibst, wirst du dich nicht weiterentwickeln und dein Leben im wesentlichen mit fremdbestimmtem Handeln und Ablenkung verbringen. 2. Damit schädigst du nicht nur dich selbst, sondern signalisierst deiner Umwelt auch, dass es normal ist, so zu leben und erhöhst die Wahrscheinlichkeit, dass andere Menschen sich auch so verhalten.

Ok, verstanden, aber so what? Wir leben in einer Welt, in der so schreckliche Dinge passieren, in der gemordet, vergewaltigt, betrogen, belogen, die Umwelt zerstört, Tiere gequält, gemobbt und gestohlen wird, aber ich soll jetzt an mir arbeiten?

Meiner Meinung hast du an dieser Stelle zwei Möglichkeiten: Du kannst erklären, dass die Welt böse und schlecht ist und es nicht verdient, dass du dich anstrengst - wofür du unendlich viele Argumente finden wirst. Allein jeder Medienbericht über ein missbrauchtes und ermordetes Kind zwingt die Frage auf, in was für einer gottlosen Welt wir leben. Oder die hunderte von Millionen Opfer der Genozide unter Josef Stalin, Mao Zedong, Adolf Hitler und Pol Pot im 20. Jahrhundert. Und auch in deinem persönlichen Erleben und deinem direkten Umfeld wird es zahllose Beispiele für menschliches Leiden geben. Der Buddhismus sagt ja auch explizit: Leben ist Leiden. Und das Christentum symbolisiert den gleichen

Gedanken durch das Kreuz.
Es gibt nichts zu diskutieren, das Leben ist voller Elend und Sorge - und am Ende stirbst du. Also warum überhaupt irgendetwas versuchen? Wie kann irgendetwas in so einer Welt es wert sein?

Oder du kannst erklären, dass du die Welt mit all ihren Fehlern so akzeptierst, wie sie ist und freien Willens, ohne naiv die Augen zu verschließen, all das menschliche Leid sehend, trotzdem weiter machst.
Weil du verstehst, dass es dieses Trotzdem ist, das die Dinge besser macht. Dieses immer wieder aufstehen, dieses aus Trümmern Städte wieder aufbauen, dieses trotz Chernobyl und Holocaust Kinder kriegen, dieses trotz amputierten Gliedmaßen weiterleben, dieses trotz Mobbing und Zurückweisung wieder auf andere Menschen zugehen, dieses Trotzdem.
Dieser menschliche Lebenswille.

Dieser Wille, der Welt mit all ihrem Schlechten erhobenen Hauptes in die Augen zu sehen, zu erkennen, das da sowohl Chaos als auch Ordnung, sowohl Hass als auch Liebe sind und unbeirrt gelassen deinen Weg weiter zu gehen.

Es ist diese Erklärung, die dich innerlich unabhängig von deinen Umständen macht und dir die Freiheit gibt, diszipliniert das Richtige zu tun.

Memento Mori

48. Memento Mori und die Kraft des Jetzt

Du kennst jetzt den Weg vom Barbar zum Fürst. Nun musst du ihn nur noch gehen. Und wenn du dann vorwärts marschierst, wird irgendwann der Punkt kommen, an dem du genau weisst, was zu tun ist, aber schlicht Angst davor hast.

Angst ist der Hauptgrund, warum Menschen ihre Träume nicht verwirklichen.
Aber Leben ist Risiko. Nur der Tod ist sicher. Das Leben nicht.

Du wirst sterben. Dein Vater wird sterben. Deine Mutter wird sterben. Deine Schwester wird sterben. Dein Bruder wird sterben. Dein bester Freund wird sterben. Die anderen auch. Die Familien und Freunde deiner Freunde werden auch sterben. Dein Haustier wird sterben. Deine Kollegen werden sterben. Deren Angehörige auch. Deine Tante und deren Familie wird sterben. Dein Onkel und seine Familie auch.
Deine Nachbarn werden sterben. Alle. Die Menschen die du mal kanntest werden sterben. Die Menschen die du noch kennen lernst werden sterben. Wir alle werden sterben. Und alle die vor uns waren sind gestorben. Und alle die nach uns kommen werden sterben.

Ist das Leben deswegen sinnlos? Sollten wir deswegen jeden Tag leben, als ob es der letzte wäre? Den ewigen Kreislauf von Leben und Tod als billige Rechtfertigung für unseren Nihilismus? Blinder Konsum und Triebbefriedigung um jeden Preis als Antwort auf unsere Sterblichkeit?

Bedenke: Wie viele deiner Vorfahren mussten kämpfen, töten und sterben, damit du heute das hier lesen kannst? Wahrscheinlich kennst du noch deine Großeltern, vielleicht noch deine Urgroßeltern, aber danach kommt nur noch unpersönliche Geschichte. Ein paar Daten und Fakten aus grauer Vergangenheit, aber kein Bezug mehr zu dir. Die Wahrheit ist jedoch, dass deine Urgroßeltern auch Eltern hatten. Mit ihrer ganz persönlichen Geschichte voll von Niederlagen und Erfolgen. Und die hatten auch wieder Eltern, Großeltern und Urgroßeltern. Und so immer weiter zurück in der Zeit.

Spontan fallen mir zahllose Kriege, Pest und Cholera, Pech bei der Partnerwahl und zig andere Möglichkeiten ein, wie mein Stammbaum hätte absterben können. Ist er aber nicht. Deiner auch nicht. Irgendwie haben unsere Vorfahren also ein paar Dinge richtig gemacht, sich irgendwie durch die Zeit gekämpft und ihre DNA immer eine Runde weiter gebracht. Wenn wir uns das vergegenwärtigen - fühlt sich unser Hedonismus immer noch so gerechtfertigt an?

Rechtfertigen Unzufriedenheit, Groll,

Missgunst und letztlich Sterblichkeit die Verschwendung deines Lebens? Könntest du das guten Gewissens deinen Ahnen erklären? Stell dir beispielsweise vor du unterhältst dich mit einem deiner Vorfahren, der die DNA deiner Familie durch den Dreißigjährigen Krieg gebracht hat. Der durch Ozeane von Blut gehen musste und doch nie aufgegeben hat. Und dem sagst du jetzt, dass er damals zwar echt einen guten Job gemacht hat, du persönlich es nun aber vorziehst Arbeits- und Konsumdrohne zu bleiben anstatt deine riesigen Freiheiten und Möglichkeiten des 21. Jahrhunderts auszuschöpfen.

Es mag ja sein, dass dir die Welt ungerecht und falsch vorkommt. Gründe dafür lassen sich zweifellos genug finden. Und der Gedanke, dass es anders werden muss, wenn es gut werden soll, ist verständlich. Aber wer macht es anders? Es ist leicht sich schmollend auf die Couch zurück zu ziehen und die Welt zu kritisieren. Und zahllose Gründe zu finden, warum man auf der Couch bleiben und sein Leben Netflix und Pizza widmen sollte.

Die Gesellschaft ist so verblödet. Die Politik fährt alles gegen die Wand. Es gibt keine guten Frauen mehr. Es gibt keine guten Männer mehr. Die Reichen werden immer reicher, die Armen immer ärmer. Du hast doch eh keine Chance. Das Leben ist nicht fair und am Ende stirbst du.

Das ist Ressentiment und Ressentiment macht dich zum Opfer. Diese Gedanken machen dich zum Opfer deiner Weltsicht und halten dich effektiv auf der Couch und vom Handeln ab.

Wie wäre es statt dessen hiermit: Lebe jeden Tag als ob es der letzte wäre um die Leistungen deiner Vorfahren in Ehren zu halten und deine Kinder und deren Kinder und deren Kindeskinder stolz zu machen.

Wenn du es dann endlich von der Couch ins Leben geschafft hast, kommst du wahrscheinlich recht bald an einen Punkt, wo du innerlich genau weisst, was du tun musst. Tun müsstest, solltest, eigentlich, wenn du mal Zeit hast. Also findest du Ausreden und überzeugst dich selbst mit klugen Argumenten, warum das leider nicht umsetzbar ist.

Der einzige echte Grund ist deine Angst. Und alle Angst ist letztlich Angst vor dem Tod. Wie also mit der Angst umgehen?
Indem du den Tod akzeptierst und dich mit ihm anfreundest. Denn du wirst verdammt lange tot sein. Und wenn du genug darüber meditiert hast, und mit deinem Freund Tod zusammen über seine schlechten Witze lachen kannst, wirst du keine Angst mehr haben und frei sein, alles zu tun.

Und frei handeln können wir immer nur im Jetzt.
Wir sorgen uns meist weder über die ferne

Zukunft - in der sind wir tot - noch über das Hier & Jetzt. Wir sorgen uns meist über die Zeit dazwischen.

Die Kraft des Jetzt und die Vergegenwärtigung deines sicheren Todes sind mächtige Verbündete im Kampf gegen deine Ängste. Todesgewärtig zu sein bedeutet auch gegenwärtig zu sein. Wenn der Kriegsnebel zu dicht wird, fokussiere dich auf das unmittelbare Jetzt, blende alles andere aus, und setze einen Fuß vor den anderen.

Der Weg vorwärts besteht aus nichts anderem als einzelnen Schritten. Jeder einzelne Moment ist kostbar. Dein Leben besteht aus nichts anderem als einzelnen Momenten. Nutze sie entsprechend. Lerne aus der Vergangenheit, plane für die Zukunft und lebe im Jetzt.

49. Es lebe der Tod

Meine Formel für die Grösse am Menschen: Das Nothwendige nicht bloss ertragen, noch weniger verhehlen, sondern es lieben.

– Friedrich Nietzsche

Aus der Vergangenheit lernen, für die Zukunft planen und todesgewärtig im Jetzt leben bedeutet Bejahung des Lebens.

Und größtmögliche Bejahung des Lebens bedeutet, unser Schicksal nicht nur zu akzeptieren, sondern zu lieben. Amor Fati.
Aber wie können wir unser Schicksal lieben, wenn unser Schicksal doch letztlich darin besteht, zu sterben?

Indem wir verstehen, dass erst unsere Sterblichkeit das Leben wertvoll macht.

Wie viel ist dir ein Liter Wasser wert? Wahrscheinlich wenig, da es jederzeit praktisch unbegrenzt verfügbar ist. Aus der Leitung, in Flaschen, überall und jederzeit.

Bei Hitze und Durst steigt der Wert, in Abhängigkeit von der Entfernung zum nächsten Wasserhahn, zum nächsten Supermarkt, zur nächsten Tankstelle. Dann sind wir plötzlich bereit, ein paar Euro für Wasser zu bezahlen. Und kurz vorm Tod durch Verdursten wäre ein Liter Wasser plötzlich

unser ganzes Vermögen und Einkommen der Zukunft wert.
Mehr Knappheit, mehr Wert.

Genau so ist es mit Lebenszeit. Wie wertvoll wäre ein Lebensjahr, wenn du noch 1000 Jahre leben würdest? Wie wertvoll wäre dieses Jahr, wenn du noch 50 hättest? Und wenn es dein letztes wäre?

Jeder kennt den Spruch "Lebe jeden Tag als ob es dein letzter wäre" - was auch als Rechtfertigung für blinden Hedonismus missverstanden werden kann. Positiv interpretiert ist die Botschaft sich den Wert jeden einzelnen Tages bewusst zu machen aber natürlich genau richtig. Zumal ein erfülltes Leben ja gewissermaßen nichts anderes als eine Kette von gut verbrachten Tagen ist.

Jeder Tag baut also auf dem Vortag auf, und kleine Veränderungen Tag für Tag fortgeschrieben führen zu sehr unterschiedlichen Ergebnissen. Wir sind unsere Gewohnheiten. Wenn ich etwas will, muss ich meine Gewohnheiten, meinen Prozess, richtig einstellen und das gewünschte Ergebnis wird kommen. Bis es eine Gewohnheit ist und praktisch automatisch passiert, brauche ich dafür Disziplin.

Und die Zeit dafür läuft ab. Die Zeit meine Gewohnheiten zu ändern, die Zeit meine Ziele zu erreichen, die Zeit mir über all das den Kopf zu zerbrechen. Und das ist gut so. Denn wenn ich diesen ultimativen Zeitdruck nicht hätte, der Sensenmann nicht seelenruhig warten würde, woher käme dann mein Antrieb? Warum sollte ich mich heute anstrengen, wenn ich ewig leben würde? C.N. Parkinson stellte schon 1955 fest, dass sich Arbeit genau in dem Maße ausdehnt, wie Zeit für ihre Erledigung zur Verfügung steht. Wenn wir unendlich Zeit hätten, würden wir also nie fertig werden.

Wäre das schlimm? Nein, denn wir hätten ja unendlich Zeit.

Also wozu mit irgendwas fertig werden? Warum sich zusammenreißen, warum sich sinnvoll verhalten? Wir würden uns bloß noch gemäß unserer spontanen Impulse verhalten, nur nach dem Lust-Prinzip agieren. Aber auch das wäre egal, da wir ja unendlich Zeit hätten. Das mag für den ein oder anderen himmlisch klingen, ich glaube aber, dass man sich vor Bedeutungslosigkeit elendig langweilen würde. Und das eben für immer.

Der Punkt ist: Nur durch unsere Sterblichkeit, nein, die Gewissheit zu sterben, hat unser Leben im Hier und Jetzt überhaupt eine Bedeutung, ist nicht nur ein unendlich kleines Kettenglied in einer unendlich langen Kette.

Es lebc der Tod.

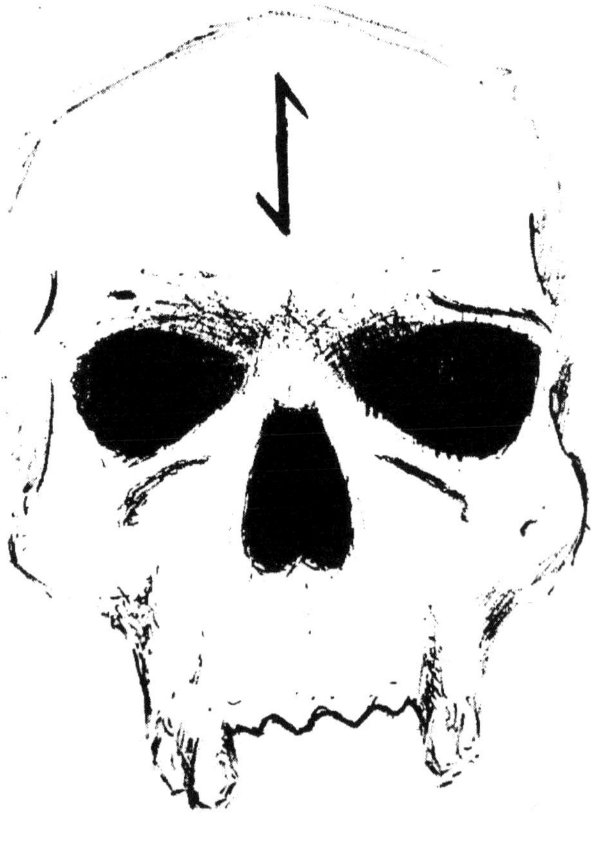

Anhang

50. Eine kleine Geschichte des Geldes

„Würden die Menschen das Geldsystem verstehen, hätten wir eine Revolution noch vor morgen früh.“ – Henry Ford

„Aber der Staat lügt in allen Zungen des Guten und Bösen; und was er auch redet, er lügt - und was er auch hat, gestohlen hat er's."

– Friedrich Nietzsche

Beide Zitate suggerieren ja Betrug von oben. Der Staat lügt und stiehlt und das Geldsystem würde zur Revolution führen, wenn mehr Menschen es durchschauten.

Stimmt das? Und wie hängt beides zusammen?

Um beide Fragen zu beantworten, lohnt es sich zunächst die Frage zu stellen, wie Staaten überhaupt entstehen. Bei nüchterner Betrachtung muss man feststellen, dass Gewalt dabei immer eine große Rolle spielt. Beispielhaft seien die Gründung Roms durch Romulus und Remus und deren Raub der Sabinerinnen, Etablierung der Schweizerischen Eidgenossenschaft und der amerikanische Unabhängigkeitskrieg genannt.

Ein Staat wird mit Gewalt gegründet oder abgespalten und setzt innerhalb seines Herrschaftsgebietes mittels Gewalt seine Regeln durch. Deswegen heißt es „Staatsgewalt“.

Nun mag man einwenden, dass „Staatsgewalt“ lediglich Hoheitsakte, auch und gerade in der Verwaltung meint. Aber was sorgt in letzter Konsequenz dafür, dass die meisten Menschen meistens machen, was der Staat von ihnen will? Das Gute im Menschen oder das Wissen um Gefängnisse, Gerichtsvollzieher, Wasserwerfer und Dienstwaffen?

Innerhalb des Staates betreiben die Gründer-Gang, deren Nachfolger und ihre Gehilfen Schutzgelderpressung an der Bevölkerung des Staatsgebietes. Man nennt das „Steuern“ oder „Abgaben“ und legitimiert es damit, dass der Staat mit seinem Gewaltpotential für „Recht und Ordnung“ sorgt. Bemerkenswert ist, dass der Staat extrem erfolgreich mit diesem Legitimationsmythos ist. Viele Menschen sind fest davon überzeugt, dass ein starker Staat gut für sie ist und streiten innbrünstig darum, ob die linken oder die rechten Parasiten besser sind.

Jedenfalls wird mit diesem Gewaltpotential neben „Recht und Ordnung“ auch eine von der Staats-Gang erfundene Währung durchgesetzt. Ganz einfach dadurch, dass alle Steuern und Abgaben mit eben dieser Staatswährung bezahlt werden müssen. Wer sich weigert oder beispielsweise mit selbst produzierten Waren oder einer anderen Währung oder Edelmetallen bezahlen möchte, wird von der Staatsgewalt zum gewünschten Verhalten gezwungen.

Das schafft eine fortwährende Nachfrage nach dem Staatsgeld und setzt diese Währung flächendeckend durch. Es gibt keinen Wettbewerb unter verschiedenen Währungen mehr. Der Staat hat ein Monopol auf Geld erlangt. Wird dieses Monopol gefährdet, kommt wieder die Staatsgewalt zum Einsatz, beispielsweise im Rahmen von Goldverboten, z.B. in Deutschland von 1923 bis 1955, in Großbritannien von 1966 bis 1971, in Indien von 1963 bis 1990 und in den USA von 1933 bis 1974.

Gleichzeitig braucht der Staat immer mehr Geld, um seine Macht aufrechtzuerhalten, z.B. für Wahlgeschenke sprich Stimmenkauf, Versorgung der Staatsdiener, Flughafenbau, Klimarettung usw. Zum Glück kann der Staat sich dafür von seiner Zentralbank immer neues Geld drucken lassen.

Hier ist jedoch Fingerspitzengefühl gefragt, denn wenn zu viel Geld gedruckt wird, verliert es an Wert. Das ärgert zu Beginn nur diejenigen, die viel Geld haben und dessen Wert dahinschmelzen sehen; bei starker Inflation ärgert es jedoch alle, da man plötzlich Körbe voller Geld braucht, um sich seine Brötchen zu kaufen und der ganze Alltag versaut wird. Andererseits ist starke Inflation bei starker Staatsverschuldung, z.B. in Folge von kostspieligen Kriegen und/oder Reparationen, sehr praktisch um den realen Wert der Schuldenberge zu reduzieren.

Deswegen wird eine Balance angestrebt: Immer neues Geld drucken, um den Machterhalt der staatlichen Räuberbande zu finanzieren - aber nur so viel, dass die Inflation gering bleibt und im Alltag nicht groß stört. Siehe das Inflationsziel der Europäischen Zentralbank von knapp 2%.

Diese geringe Inflation ist nämlich für diejenigen, die das Finanzsystem verstehen, nicht schlimm, da es ihnen gelingt, ihr Geld mit einer Rendite oberhalb der Inflationsrate anzulegen.

Das gelingt der einfachen Bevölkerung im Schnitt nicht, da einfaches Sparen nach Abzug der Inflation negativ verzinst ist, z.B. 1 % Zinsen – 2 % Inflation = -1 % Realverzinsung. Andere Formen der Geldanlage stehen der einfachen Bevölkerung insbesondere aufgrund anderer Schwerpunkte in der allgemeinen Schulbildung nicht zur Verfügung, so dass historisch gesehen schleichende Enteignung in diesem Bereich üblich ist, wie ein Blick in entsprechende Statistiken der Bundesbank veranschaulicht.

Die Reichen und Mächtigen investieren hingegen in Assets, die sogar noch vom frisch gedruckten Geld profitieren: Das frische Geld wird immer von oben ins System gepumpt, indem es von den Zentralbanken an die Geschäftsbanken weitergegeben wird. Die können somit neue Kredite vergeben, die dann am Markt nachfragewirksam werden.

Und wer bekommt Kredite? Vor allem bonitätsstarke Personen, also die, die schon Geld haben. Der Teufel scheißt immer auf den größten Haufen.

Was kaufen diese Personen dann von diesem Geld? Assets wie Immobilien und Aktien. Dadurch steigen deren Preise, was es für die Armen noch schwerer macht, sich ebenfalls Immobilieneigentum oder ein Aktienportfolio anzuschaffen.

Dieses System enteignet also diejenigen, deren Geld von der Inflation aufgefressen wird und bereichert diejenigen, die mit billigem Kredit, sprich frisch gedrucktem Geld, Sachwerte wie Immobilien und Aktien kaufen.

Wie konnte so ein ungerechtes System entstehen?

Im Folgenden eine kleine Geschichte des Geldes als Erklärungsversuch, beginnend in grauer Vorzeit.

Menschen wirtschaften arbeitsteilig, weil so insgesamt mehr Güter innerhalb einer Wirtschaftsgemeinschaft, eines Dorfes, eines Stammes, eines Landes, produziert werden können, als wenn alle ihre jeweils benötigten Güter selbst produzierten.

Der eine hütet also Schweine während der andere Holz fällt, der andere Gemüse anbaut, der nächste Leder gerbt und so weiter.

Warum ist das effizienter als Selbstversorgung, in der jeder ein bisschen Holz fällt, ein bisschen Schweine züchtet und ein bisschen Leder gerbt?

Weil alle Tätigkeiten einen gewissen Lernerfolg und damit Investition von Lebenszeit erfordern, die dann für die Produktion fehlt; und weil während des Wechsels von einer zu anderen Tätigkeit immer Zeit verloren geht. Wenn ich im Wald Holz fällen war und dann zu meinem Schweinestall gehe, produziere ich während des Weges nichts.

Es entwickelt sich also eine arbeitsteilige Gesellschaft, was automatisch zur Tauschwirtschaft führt. Der eine hat Schweinefleisch, der andere Honig, der andere Holz usw.

Tauschwirtschaft hat das Problem, dass immer zwei Personen zusammenfinden müssen, die gleichzeitig das anbieten, was der andere nachfragt und im selben Moment das nachfragen, was der andere anbietet. Daher wird ein marktgängiges Gut verwendet, um dieses Problem zu minimieren. Dieses allgemein nachgefragte Tauschgut ist zunächst ein Warengeld, also eine sehr marktgängige Ware.

Beispiel: Ich produziere Fleisch und benötige Kerzen. Nun kann ich versuchen, jemanden zu finden, der mit mir Kerzen gegen Fleisch tauscht. Während ich nach dieser Person suche, kann das von mir produzierte Fleisch verderben, womit ich einen Verlust erleiden würde.

Ich weiss jedoch, dass sehr viele Menschen gerne Bier trinken. Also tausche ich das Fleisch zunächst gegen Bier, was länger haltbarer und marktgängiger ist – sprich Bier wird von mehr Menschen gleichzeitig nachgefragt. Das Bier tausche ich dann gegen die Kerzen, die ich eigentlich benötige. Im Laufe der Zeit kommen immer mehr Menschen auf diese Idee, was die Marktgängigkeit von Bier noch weiter erhöht. Bier entwickelt sich zum führenden Warengeld.

Nun kommt irgendwann jemand auf die Idee, Bier durch etwas Seltenes und Unverderbliches wie Gold oder Silber zu ersetzen. Das vereinfacht den Handel weiter, da dieses Warengeld nicht verderblich und auch nicht in beliebiger Menge produziert werden kann. Gold- und Silbermünzen etablieren sich so als allgemeingültiges Geld.

Wirtschaftlich erfolgreiche Menschen häufen im Laufe der Zeit viel Gold und Silber an, was das Problem der Lagerung und Sicherung dieses Vermögens mit sich bringt. Menschen kommen auf die Idee, eben dieses Verwahren als Dienstleistung anzubieten und gründen die ersten Banken. Zunächst schleppen die Leute ständig Edelmetall zur Bank und dann wieder von der Bank weg, bis jemand auf die Idee kommt, einfach den Herausgabeanspruch auf die Edelmetallmünzen auf Urkunden, Dokumenten, Geldscheinen festzuhalten. Das Edelmetall bleibt in der Bank, nur der verbriefte Herausgabeanspruch darauf wird noch herum gereicht, was den Handel weiter vereinfacht.

Irgendwann fällt den Bankern auf, dass nie alle Menschen gleichzeitig ihren Herausgabeanspruch auf Edelmetallgeld ausüben. Es bleibt immer ein Bodensatz an Münzen in der Bank. Da liegt die Idee nahe, einfach mehr Herausgabeansprüche zu verbriefen, als tatsächlich Gold im Tresor liegt. Wie sollen das die Leute merken, wo doch nie gleichzeitig alle auf einmal ihren Herausgabeanspruch einlösen?

So fangen die Banken also an, mehr Titel auf Geld, sprich verbriefte Herausgabeansprüche auf Edelmetall, herauszulegen als sie Geld haben. Warum? Weil sie für das Herauslegen dieser Titel Zinsen vereinnahmen, sprich selbst mehr verdienen, wenn sie mehr Scheingeld ausstellen.

So lange es viele verschiedene Banken gibt, die ihre eigenen Titel auf das Edelmetallgeld herauslegen, übertreiben die Banken das jedoch nicht. Denn die Menschen lösen die im Wirtschaftsverkehr erworbenen Herausgabeansprüche bei ihnen fremden

Banken durchaus regelmäßig ein, sprich lassen sich von Banken, denen sie weniger als ihrer Hausbank vertrauen, Edelmetallgeld physisch auszahlen. So sorgt also der Wettbewerb unter verschiedenen eigenständigen Banken dafür, dass das Verhältnis von Gold- zu Papiergeld gut bleibt. Denn würde eine Bank einmal einen Herausgabeanspruch eines Kunden nicht erfüllen können, so würde das Vertrauen in diese Bank zusammenbrechen und es käme zum Bank Run, und damit zum Untergang der betreffenden Bank.

Stellen wir uns nun einmal vor, dass sich mehrere Banken zusammenschließen. Wenn es eigentlich bei der einen Bank an Edelmetall mangelt, springen andere Banken ein und leihen dieser Bank etwas von ihrem Gold. Würden so nicht alle Banken gemeinsam mehr Papiergeld verzinslich herauslegen können, ohne einen Bank Run zu riskieren? So bilden sich also Bank-Kartelle, denn gemeinsam können sie das Verhältnis von Gold- zu Papiergeld weiter zu ihren Gunsten verändern.

Auch dieser Prozess wird jedoch natürlicherweise dadurch gebremst, dass es so immer noch Konkurrenz zwischen verschiedenen Bankkartellen gibt. Das gleiche Prinzip wie bei einzelnen freien Banken gilt auch zwischen mehreren Kartellen. Würde das eine Kartell das Vertrauen seiner Kunden verlieren, so würde das gesamte Kartell einen Bank Run erleiden und zusammenbrechen, die

Kunden würden ihr Gold zu benachbarten Banken oder Kartellen übertragen. Es gibt also immer noch die Möglichkeit, aus dem System auszusteigen und sein Goldgeld in Sicherheit zu bringen. Diese Tatsache begrenzt auch hier wieder das Verhältnis zwischen echtem und gedrucktem Geld.

Aus Perspektive der Personen, die davon profitieren, immer mehr Papiergeld im Verhältnis zu echtem Geld herauszulegen, muss es also attraktiv sein, die Größe des Kartells immer weiter zu vergrößern.

Welche Personen profitieren davon, immer mehr Papiergeld zu drucken? Die Antwort hängt untrennbar mit dem Begriff der Inflation zusammen. Der Preis eines Gutes ergibt sich aus Angebot und Nachfrage. Wenn also einer gegebenen Menge an Gütern eine steigende Menge an Geld gegenüber steht, steigen tendenziell die Preise.

Wenn also innerhalb eines Bankenkartells immer mehr neues Geld gedruckt wird, steigen die Preise der angebotenen Güter. Für diejenigen, die das neu gedruckte Geld zuerst bekommen, ist das jedoch kein Nachteil. Denn diese Personen kaufen ja noch zu den alten Preisen und lösen den Preisanstieg erst aus. Die Personen hingegen, die erst später an das neue Geld kommen, müssen dann bereits zu gestiegenen Preisen kaufen, was den Vorteil des zusätzlichen Geldes wieder minimiert.

Dieses System bevorteilt also zwei Personengruppen: Diejenigen, die aufgrund des Druckens von neuem Geld mehr Geld verleihen können und dadurch mehr Zinsen einnehmen können; Und diejenigen, die zuerst an das neue Geld kommen und noch zu alten Preisen einkaufen können. Diese beiden Personengruppen, und insbesondere Personen, die beiden Gruppen angehören, haben also tendenziell das Interesse, das Bankenkartell möglichst weit auszudehnen.

Das bringt uns jetzt zum Staat. Der Staat hat immer Geldbedarf, da er sich mit steigender Finanzkraft mehr Macht erkaufen kann, z.B. durch Unterhalt einer Armee und Wahlgeschenke bzw. Stimmenkauf. Gleichzeitig hat der Staat ein Monopol auf Konfliktentscheidung, das heißt er ist der Endrichter in allen Konflikten die in seinem Hoheitsgebiet auftreten. Judikative, Exekutive und Legislative werden alle aus der Staatskasse bezahlt, was die drei Gewalten effektiv zu einer Gewalt verbindet. Wer ist somit besser zur Durchsetzung eines Bankenkartells geeignet als der Staat?

Kooperation zwischen Banken und Staat drängt sich also geradezu auf.

Der Staat setzt in seiner Endrichterfunktion ein alleingültiges gesetzliches Zahlungsmittel durch, was de facto das Bankenkartell auf das gesamte Hoheitsgebiet des Staates ausdehnt.

Man kann nun nicht mehr von dem einen ins andere Kartell flüchten, es sei denn man verlässt das Land. Im Gegenzug bekommt der Staat immer neues Geld vom Bankensystem bereitgestellt. Dazu erklärt er sich in seiner Endrichterfunktion per Gesetz als unbegrenzt zahlungsfähig, was ihm ermöglicht immer neue Schulden aufzunehmen. Begründet wird seine unbegrenzte Bonität mit der Unbegrenztheit des Steueraufkommens. Das bedeutet, dass der Staat seine Bevölkerung immer in einer Höhe besteuern kann, die es ihm erlaubt, seine Zinsen zu bezahlen. Das stimmt natürlich auch, da der Staat eben das Monopol auf Konfliktentscheidungen hat. Wenn du gegen einen Steuerbescheid klagst, entscheidet jemand über deine Klage, der selbst von Steuergeld lebt.

Und eben dieses Monopol auf Konfliktentscheidungen macht das Bankenkartell zum Zwangskartell. Keine Bank kann mehr aussteigen. Kein Bürger kann mehr aussteigen. Alle Finanzgeschäfte müssen mit dem gesetzlichen Zahlungsmittel durchgeführt werden. Insbesondere wird der Staat die Zahlungen von Zwangsabgaben, die seine Bevölkerung zu leisten haben, ausschließlich in diesem gesetzlichen Zahlungsmittel akzeptieren, was stetig Nachfrage nach diesem gesetzlichen Zahlungsmittel schafft.

Würde sich beispielsweise eine Gruppe von Menschen zusammenschließen und sich gegenseitig Waren und Dienstleistungen in einer eigenen Währung ab- und verkaufen, so müssten die Steuern auf diese Wirtschaftstätigkeit doch wieder im gesetzlichen Zahlungsmittel geleistet werden. Somit hat sich der Staat durch sein Monopol auf Konfliktentscheidungen auch ein Monopol auf die Zahlungsmittel des Landes gesichert.

Werden Parallelwährungen trotzdem zu stark und destabilisieren so die staatliche Währung, verbietet der Staat diese Parallelwährungen, siehe beispielsweise das Verbot des BitCoin in China oder die historischen Goldverbote in Deutschland, den USA, Indien, Großbritannien und so weiter.

Der logische nächste Schritt ist dann, das Währungskartell auf mehrere Staaten auszudehnen, indem man eine Gemeinschaftswährung einführt.

Eine Währung, sie zu knechten, sie alle zu finden, ins Dunkel zu treiben und ewig zu binden.

51. Produzenten und Privilegierte

Ein Bekannter behauptete neulich, dass keine Herrschaftsform so sinnentleert sei wie die Demokratie. Ich vermute mal, er meinte damit die aktuelle Form der Demokratie – nicht den ursprünglichen Gedanken und seine Umsetzung im alten Griechenland. Wenn wir über das reden, was uns heute als Demokratie verkauft werden soll, bin ich ganz bei ihm. Wenn wir über die Kernidee reden, sehe ich es vollkommen anders.

Demokratie im wohlverstandenen Sinne meint, dass die Angehörigen eines hinreichend homogenen Kollektivs sich durch Wahlen und Abstimmungen basierend auf dem Mehrheitsprinzip selbst regieren. Das halte ich für gut und richtig.

Das politische System Deutschlands der Gegenwart ist etwas ganz anderes. Wir haben eine sogenannte repräsentative Demokratie – es gibt also schon begrifflich einen Unterschied beziehungsweise eine Ergänzung zur ursprünglichen Demokratie. Hier stimmen die Mitglieder des sich angeblich selbst regierenden Kollektivs nicht mehr konkrete Fragen und Handlungsoptionen ab, sondern sie wählen lediglich Parteien beziehungsweise Personen, die dann später über konkrete Fragen und Handlungsoptionen entscheiden.

Das Volk, der angebliche Souverän, darf also nur Vertreter wählen, jedoch nicht selbst konkrete Entscheidungen treffen. Das ist ein offensichtlicher und wesentlicher Unterschied zur wohlverstandenen Demokratie im ursprünglichen Sinne.

Denn dieses System der repräsentativen Demokratie bringt zwei fundamental unterschiedliche Kategorien von Staatsangehörigen hervor, die in einem sehr problematischen Verhältnis zueinander stehen. Zur Vereinfachung möchte ich diese beiden Kategorien wie folgt definieren:

Zum einen haben wir Personen, die, um ihren Lebensunterhalt zu bestreiten, Güter und Dienstleistungen produzieren, die von anderen Personen freiwillig nachgefragt werden. Bäcker, Bekleidungshersteller, Fahrradmechaniker, Kindergärtnerinnen, Ärzte, Dönerbuden, Gourmetrestaurants, Schuster, Shishabars, Waffenhändler, Biolandwirte und zig andere Marktteilnehmer genießen freiwillige Nachfrage – Menschen fragen ihre Produkte und Dienstleistungen aus freiem Entschluss nach.

Zum anderen haben wir Personen, die ihren Lebensunterhalt über bestimmte Privilegien bestreiten. Anders als die erste Personengruppe produziert diese zweite Personengruppe zwar auch etwas, zum Beispiel Vorschriften, Verordnungen und deren Interpretation und Durchsetzung, bekommt dafür jedoch Geld, ohne dass jemand ihre

Arbeitsleistung freiwillig nachfragt. Stattdessen finanzieren sie sich über Privilegien und Zwang. Konkrete Beispiele dafür sind Steuern, Zwangsmitgliedschaften in diversen Berufsverbänden wie zum Beispiel Handels- oder Handwerkskammern, Sozialabgaben, Raubfunkbeiträge und so weiter. All diese Zahlungen finden zwangsweise statt – was den Privilegierten den Luxus verschafft, sich nicht mehr am Markt behaupten zu müssen. Sie leben nicht mehr von ihrem Erfolg am Markt, sondern von Geld, das sie aufgrund von Gesetzen in jedem Fall, ganz unabhängig von der Qualität ihrer Arbeit, bekommen.

Nennen wir die erste Personengruppe die Produzenten und die zweite Personengruppe die Privilegierten.

Die Gruppe der Privilegierten lässt sich zweckmäßigerweise in zwei Subkategorien aufteilen: den Großteil der Privilegierten, der lediglich Nutznießer der staatlichen Regelungen ist, also die Personen, die zwar von zwangsweise erfolgenden Zahlungen leben, zum Beispiel ein Berufsfeuerwehrmann, ein Amtsarzt, ein hauptamtlicher Bürgermeister und so weiter – und den kleinen Teil der Privilegierten, der die Privilegien gestaltet und verwaltet.

Anders als der Großteil der Privilegierten erbringt diese Gruppe keine Dienstleistungen, die am Markt auch problemlos ohne Zwang vermarktbar wären. Berufsfeuerwehrleute, Bürgermeister und andere erbringen im Kern Dienstleistungen, die de facto Nachfrage genießen – unabhängig davon, wer sie bezahlt. Anders mit den „Dienstleistungen“ der Personen, die Privilegien gestalten und verwalten können. Diese Personen leben letztlich nur davon, dass sie die verschiedenen Monopole des Staates ausnutzen.

Diese Monopole sind die Legislative, also das Privileg, Gesetze zu „machen“, die Judikative, also das Privileg, die gemachten Gesetze zu interpretieren und anzuwenden, und die Exekutive, also das Privileg, das Ergebnis von Legislative und Judikative durchzusetzen. Die Durchsetzung des „gemachten“ Rechts ist das staatliche Gewaltmonopol.

In Summe sind diese drei Monopole das Monopol auf endrichterliche Entscheidungen.

Der Staat vereint das Monopol auf das Machen der Regeln, das Anwenden der Regeln und das Durchsetzen der Regeln zum Monopol auf letztgültige Entscheidungen (auf seinem Staatsgebiet).

Und da dieses Entscheidungsmonopol Entscheidungen in Fragen oder Konflikten einschließt, in die diese Personengruppe der Entscheider selbst verwickelt ist, haben wir in unserem derzeitigen System eine fundamentale Rechtsungleichheit.

Es gibt die große Gruppe der Beherrschten, zu der sowohl die meisten Produzenten als auch die meisten Privilegierten gehören, und es gibt die Gruppe der Herrscher – die Personen, die die gerade erläuterten Monopole kontrollieren. Es gilt also nicht gleiches Recht für alle – auf die große Mehrheit der Bevölkerung wird Recht lediglich angewandt, das heißt sie unterliegt Rechtsetzung, Rechtsprechung und Rechtsdurchsetzung, und es gibt die kleine Gruppe derer, die Recht machen, anwenden und durchsetzen kann – einschließlich aller Fälle, in die sie selbst verwickelt ist. Es herrscht also fundamentale Ungleichheit zwischen einer kleinen Herrscherklasse und dem Großteil der Bevölkerung.

Und das, was wir heute (repräsentative) Demokratie nennen, ist lediglich die Tarnung und Verschleierung dieses Zustands. Repräsentative Demokratie ist das, was die Eliten installieren, sobald die Kosten der offenen Repression zu hoch werden.

Der Ausweg aus diesem System der Ungerechtigkeit ist die von Hans-Hermann Hoppe detailliert ausgearbeitete Privatrechtsgesellschaft, in der gleiches Recht für alle gilt.

52. Häufige Missverständnisse

Aus vielfach gegebenem Anlass möchte ich im Folgenden versuchen, einige Missverständnisse zu beseitigen, die mir in der Kommunikation mit Etatisten immer wieder auffallen. Nichts davon ist neu, es ist lediglich der Versuch, Spaltung zu überwinden und Gesprächsbereitschaft (wieder) herzustellen.

Zunächst macht es Sinn, zu definieren, was ich mit Etatismus meine. Ich meine damit schlicht und einfach den Glauben, dass die Existenz eines territorialen Monopolisten auf Entscheidungen legitim wäre. Ein Etatist ist also jemand, der den gegenwärtig existierenden Staat als grundsätzlich legitim empfindet. Und dieser Staat ist eine Institution, die auf ihrem Territorium das Monopol auf endgültige Entscheidungen hat - inklusive in Fragestellungen oder Konflikten, in die sie selbst verwickelt ist.

Ein einfaches konkretes Beispiel für dieses Monopol aus meinem eigenen Leben: Ich habe einen Grundsteuerbescheid erhalten, in dem die Grundsteuer um 53 % erhöht wird. Teil dieses Steuerbescheids ist auch die Rechtsbehelfsbelehrung, in man mir mitteilt, dass ich gegen diesen Steuerbescheid beim Verwaltungsgericht Einspruch erheben kann. Da tat ich. Daraufhin bekam ich eine Kostenrechnung über 105 € für eben diesen Einspruch. Auch diese Kostenrechnung enthält eine Rechtsbehelfsbelehrung - nun ist der

Einspruch gegenüber eben dem Verwaltungsgericht zu erheben, dass über meinen ersten Einspruch entscheiden soll und mir dafür die Kostenrechnung gestellt hat. Beklagter und Richter sind also identisch. Wie wird diese Entscheidung wohl ausgehen?

Das ist natürlich nur ein ganz kleines banales Beispiel - zeigt jedoch deutlich, was das Problem ist. Das ist alles legal, aber eben nicht legitim. Genau so wie die Konzentrationslager der Nationalsozialisten und die Gulags der Kommunisten legal aber nicht legitim waren. Wenn eine Institution, der Staat, das territoriale Monopol auf das Machen und Auslegen der Regeln (Legislative und Judikative) und auf das Durchsetzen der Regeln (Gewaltmonopol) hat, dann kann er auf seinem Territorium machen was er will. Und dann können auch Gulag- und KZ-Wärter gesetzestreue Bürger und Widerstandskämpfer wie Staufenberg zu verurteilende Outlaws sein.

Etatisten wenden hier typischerweise ein, dass es doch die Gewaltenteilung gibt und diese uns alle vor der Tyrannei des Staates schützt. Alle Gewalten werden jedoch durch ihre Finanzierung geeint - Steuern. Selbstverständlich treffen Richter auch mal Entscheidungen, die den ein oder anderen Beamten ärgern und bestimmt gibt es gelegentlich Gerichtsurteile, die einen Konflikt zwischen Finanzamt und Steuerzahler zu Gunsten des Steuerzahlers entscheiden. Das muss auch so sein, denn wer würde den ganzen Zirkus sonst glauben? Am Ende des Tages eint jedoch alle Staatsbediensteten und Berufspolitiker ein gemeinsames Interesse: Dass der Staat Steuern festsetzen, einziehen und somit ihre Gehälter zahlen kann.

Eins der großen Missverständnisse zwischen Etatisten und Libertären betrifft genau diesen Punkt, die Steuern. Wenn ich sage, dass Steuern Raub sind, dann denken scheinbar viele Leute, dass ich mit dieser Aussage den öffentlichen Dienst, das Gemeinwesen, soziale Einrichtungen usw. ablehnen würde. Das tue ich nicht. Steuern sind Raub, weil sie unter Zwang gezahlt werden. Würde gleiches Recht für alle gelten und gäbe es keine Unterscheidung zwischen privatem und öffentlichem Recht, wären Steuern Erpressung. Entweder du zahlst, oder du wirst eingesperrt. Etatisten haben dann immer zig Argumente warum es doch nicht anders gehen würde und übersehen eine ganz banale Tatsache: Es gibt fundamentale Unterschiede zwischen Steuern, Gebühren und Beiträgen.

Steuern zahlt man unter Zwang und sind legaler Raub bzw. legale Erpressung.

Gebühren zahlt man für Dienstleistungen des öffentlichen Dienstes, die direkt der Gebühr zugeordnet werden können.

Beiträge zahlt man, um Kollektive zu unterhalten, beispielsweise ein Vereins- oder

Clubbeitrag - und warum nicht einen Gemeindebeitrag?

Steuern zahlt man zwangsweise unter Androhung von Strafe, Gebühren zahlt man, weil man eine bestimmte Dienstleistung in Anspruch nimmt, Beiträge zahlt man, weil man einen bestimmten Kollektiv angehört und auf die Allmende dieses Kollektivs zugreifen möchte.

Die Erkenntnis, dass Steuern Raub bzw. Erpressung sind, widerspricht in keinster Weise einem öffentlichen Dienst, einem Gemeinwesen, oder sonstiger Allmende - sie widerspricht lediglich der zwangsweisen Art und Weise der Finanzierung.

Ein weiteres großes Missverständnis scheint mir die Annahme zu sein, dass ich für das (angenommene) spiegelbildliche Gegenteil von dem sein muss, das ich ablehne. Also der Glaube, dass jemand, der sich beispielsweise gegen Kommunismus ausspricht, damit automatisch "rechts" ist. Die Denke ist dann ist schlicht und einfach: Kommunismus ist sehr links, somit sind Gegner des Kommunismus automatisch rechts. Die Grünen sind links, somit sind Gegner der Grünen rechts. Und so weiter.

Die Welt ist kompliziert und der Wunsch nach der derart einfachen Orientierungssystemen ist nachvollziehbar, aber leider führt dieses Denken nur in Polarisierung und Spaltung.

Und wenn zwei sich streiten, freut sich der Dritte. Und das ist der Staat. Wenn Links und Rechts sich streiten, freut sich der Steuerstaat - denn Geld stinkt nicht, egal ob es von AfD-Wählern, Antifanten, Bürgerlichen, Sozen, oder sonst wem verdient wurde.

Der wahre Antagonismus besteht zwischen Steuerproduzenten und Steuerkonsumenten, zwischen Wirten und Parasiten, nicht zwischen "Links" und "Rechts". Der ganze alltagspolitische Zirkus ist lediglich Ablenkung von dieser banalen Tatsache und jede im Rahmen unserer "repräsentativen Demokratie" abgegebene Stimme ist eine Ja-Stimme, die das bestehende System legitimiert. Ob man dann am Ende von einer AfD-geführten oder Grünen-geführten Räuberbande ausgeraubt, erpresst und betrogen wird, ist doch letztlich egal.

Alle politischen Streitereien im Rahmen des bestehenden Systems sind lediglich Konflikte darum, wer als nächstes die oben genannten Monopole für seine Zwecke nutzen darf. Wenn ich als Anarchokapitalist etwas gegen linksgrünen Sozialismus sage, dann spreche ich mich damit nicht für die AfD aus. Ich werde nie meine Zustimmung dazu geben, beraubt und erpresst zu werden, egal wie sich die Räuber nennen und verkleiden.

All das und noch viel mehr wurde bereits von wesentlich klügeren Menschen viel besser ausgearbeitet - das bringt nur alles nichts, wenn wir alle in unseren Lagern bleiben und wir nur mit Leuten sprechen, die eh schon denken, was wir denken.

Wenn es irgendwann mal besser werden soll, dann geht das nur dadurch, stoisch, ruhig und gelassen, Aufklärungsarbeit zu leisten. Und trotz aller täglichen Ungerechtigkeit, Dummheit und Sinnlosigkeit nicht den Kopf hängen zu lassen und immer damit weiterzumachen, weiter zu machen. Das geht natürlich insbesondere an alle libertären Content-Schaffenden. Niemals aufgeben. Sich niemals vom Ressentiment gegenüber dem Etatismus und der menschlichen Schwäche unterkriegen lassen. Weiter machen.

53. Macht und Ressentiment

Der folgende Text ist vor allem ein Erklärungsversuch für selbstzerstörerischen Machtmissbrauch.

MACHT. Ein großes Wort, mit dem viel Schlechtes assoziiert wird. Macht korrumpiert und absolute Macht korrumpiert absolut. Politiker sind machtgeil und missbrauchen ihre Macht um auf Kosten anderer in Wohlstand zu leben. Und so weiter.

Einerseits gibt es diese Klischees natürlich aus gutem Grund, doch andererseits: Ist Macht nicht einfach nur ein Werkzeug? An und für sich völlig wertneutral, so wie das Küchenmesser mit dem man morden oder Zwiebeln schneiden kann?

Wenn das so ist, warum ist der Begriff dann so negativ konnotiert?

Dass Macht so negativ belegt ist, führt letztlich auch dazu, dass manche Menschen ihre eigene Macht ablehnen - und sich damit für die Machtlosigkeit entscheiden. Die Gleichung ist dann: Besser machtlos, und damit moralisch gut, als mächtig und damit moralisch böse. Dadurch räumen diejenigen, in deren Wertesystem Macht "böse" ist, kampflos das Feld für diejenigen, die Macht als "gut" ansehen.

Ein Teil der Erklärung der negativen

Konnotation ist sicherlich der Zusammenhang zwischen Macht und Gewalt, beispielsweise bei der Staatsgewalt. Gleichzeitig ist natürlich auch Gewalt genauso ein an sich wertneutrales Werkzeug. Ein Mord oder die Abwehr des Mörders mit dessen Tod als Folge, beides ist tödliche Gewalt. Es kommt auf die konkrete Anwendung des Werkzeugs und den Kontext an.

Für den einen Menschen ist beispielsweise Staatsgewalt im Sinne eines starken Staats mit wehrhafter Polizei und Armee erstrebenswert, für den anderen ein Graus. Eine Frage der Perspektive. Der eine Mensch sieht sich als Teil des Staates, der Staat ist für ihn ein "Wir". Der andere Mensch lebt geographisch im gleichen Staat, versteht "den Staat" aber als illegitimen Monopolisten auf endrichterliche Entscheidungen und sieht folglich die Sicherheitsbehörden als Instrumente zur Sicherung der Staatsmacht, nicht zur Sicherung der Bevölkerung. "Der Staat" ist nicht sein "Wir" - sondern ein "sie".

Ein "sie" im Sinne von: "Jetzt ham se wieder die Steuern erhöht und den BER kriegen se auch schon seit 100 Jahren nicht fertig." „Sie“ im Sinne von „die anderen, nicht wir.“

Natürlicherweise wollen Menschen ja Macht für sich und ihr "Wir" - aber lehnen mehr Macht für "die anderen" ab. Somit liegt es im Interesse der Herrscher, der Mächtigen, dass die Beherrschten ihre Herrscher in ein gemeinsames Wir-Gefühl mit-einschließen.

Ein gemeinsames Wir eint - auch wenn es innerhalb des Wir Konflikte gibt. Eine Nation ist ein großes Wir - wir Deutsche, wir Franzosen usw. Dieses Wir eint auch Parasiten und Produzenten und führt dazu, dass viele Menschen, die nur widerwillig Zwangsabgaben leisten, sich trotz des unliebsamen staatlichen Zwanges einen starken und gut funktionierenden Staat wünschen. Völlig paradox - ich störe mich am Zwangsapparat und wünsche mir gleichzeitig, dass eben dieser Zwangsapparat stark und funktional ist. Da spielt sicherlich auch der psychologische Effekt der Traumabindung mit rein - quasi das Stockholmsyndrom des Normalverbrauchers - aber natürlich auch das Wir-Gefühl, das Gefühl, dass auch die unliebsamen Parasiten doch irgendwie dazu gehören, dass wir doch letztlich alle eine große Familie sind und für einander einstehen müssen.

Soweit so gut – die Parasiten halten die Produzenten mit einer cleveren Mischung von Wir-Gefühl, Umverteilung und Zwang unter Kontrolle und nutzen sie bestmöglich aus – und damit das immer so weitergehen kann, achten die mächtigen Parasiten dabei darauf, die Produzenten, ihren Wirt, nicht zu töten. Nur lebendige Sklaven können für ihren Plantagenbesitzer arbeiten. Nur eine funktionierende Volkswirtschaft kann auf

Dauer viele Berufspolitiker gut ernähren.

Der Parasit hat also immer ein Interesse daran, dass sein Wirt überlebt – nur so kann der Parasit weiter Blut saugen. Ergo muss ein Berufspolitiker, bei aller Klientelpolitik, Korruption usw., immer noch darauf achten, den Bogen nicht zu überspannen und die Wirtschaftsmaschine weiterlaufen zu lassen.

Wie passt das zur tatsächlichen Politik in Deutschland, die scheinbar das ganze Land systematisch schwächt, seine Macht mindert und damit letztlich sowohl den Produzenten als auch den Parasiten schadet?

Auch das ist eine Frage der Perspektive. Der Politiker, der Deutschland (als Gesamtheit aus Parasiten und Wirten) schadet, aber damit zunächst seinen Eigeninteressen (Einkommens- und Machterhalt) dient, handelt innerhalb des gegebenen Systems gewissermaßen rational. Denn sein Wir ist zuerst seine eigene Familie bzw. sein engerer Kreis, und erst viel später dann "die Bevölkerung". Dass ein Berufspolitiker zuerst an das Wohlergehen seiner Selbst bzw. seiner Angehörigen denkt, ist logisch und entspricht einfach der tribalen menschlichen Natur. Das gilt ja auch als Argument für die gute Versorgung von Berufspolitikern - wir schmeißen ihnen einfach so viel Kohle in den Rachen, dass sie für Korruption etc. gar nicht mehr empfänglich sind und sich ganz auf das

Wohl der Nation konzentrieren können. Theorie und Praxis. Doch auch dieser Effekt müsste eigentlich vom natürlichen Eigeninteresse des Parasiten begrenzt werden. Er saugt vielleicht mal für eine große Parasitenparty so viel Blut, dass der Wirt danach für eine Weile leistungsschwach ist – aber man lässt ihn sich rechtzeitig erholen. Für die nächste Party und so.

Das alles ändert sich jedoch durch Ressentiment, Sklavenmoral und sozialistischen Todestrieb.

Eine mächtige Person wird ihre Macht zwar immer in einem gewissen Rahmen für ihre unmittelbaren Eigeninteressen nutzen - auch und gerade auf Kosten der Beherrschten - aber der psychisch gesunde Mächtige wird dabei Kosten und Nutzen abwiegen. Beispielsweise wird der berufspolitische Parasit seinen Wirt nicht so leersaugen, dass dieser stirbt - aus Eigeninteresse.

Jedoch gilt das natürlich nur unter der Bedingung, dass der Parasit das Leben an sich wertschätzt. Seins natürlich mehr als das des Wirts, aber das Leben ist für ihn grundsätzlich wertvoll.

Würde er allerdings das Leben an sich verachten, wäre es nur konsequent, wenn er seinen Wirt bis zum gemeinsamen Tod von Parasit und Wirt aussaugt.

Wenn der Ruin Deutschlands der Effekt ist, ist dann der Ruin Deutschlands vielleicht auch das Ziel?

Wenn man sich selbst und "das Eigene" hasst - dann ist die systematische Zerstörung des Eigenen und damit letztlich auch des Selbst nur konsequent.

Nietzsche benutzt das Konzept des Ressentiments, um in Jenseits von Gut und Böse und später in Die Genealogie der Moral seinen berühmten Dualismus von Herren- und Sklavenmoral auszuarbeiten. Herrenmoral ist die Moral der Lebenslustigen, Starken, die Abenteuer lieben, Freude an Kreativität, Zielstrebigkeit und Selbstbestimmung haben.

Sklavenmoral ist die Moral der Schwachen, der Demütigen, der Passiven, der Opfer, die Angst vor der großen bösen Welt haben. Diese Schwächlingc sind chronisch passiv, vor allem, weil sie Angst vor den Starken haben. Infolgedessen sind die Schwachen frustriert. Sie können nicht bekommen, was sie vom Leben und der Welt wollen. Sie werden neidisch auf die Starken. Und sie beginnen auch, sich heimlich selbst dafür zu hassen, dass sie so feige und schwach sind.

Aber niemand kann mit der Erkenntnis leben, dass er oder sie voller bitterem Hass ist. Und so erfinden die Schwachen eine Rationalisierung.

Eine Rationalisierung, die ihnen sagt: Sie sind

die Guten - und damit zumindest moralisch die Besseren - weil sie schwach, demütig und passiv sind.

Geduld wird so zur Tugend - denn ein Schwächling kann sich nicht einfach sofort nehmen, was er will.

Gehorsam wird so zur Tugend - denn die Schwachen müssen den Starken gehorchen.

Schwäche und ihre Ableitungen werden zur Tugend, für moralisch richtig, erklärt. Diese Umkehr der Werte macht dann die Schwachen, die Passiven, die Armen, die Leidenden, die Opfer, die Fügsamen, zu den Guten. Und die Gegensätze dieser Werte müssen dann natürlich böse sein - Stärke, Aggressivität, Stolz, Unabhängigkeit, körperlicher und materieller Erfolg - und so werden die Starken, die Erfolgreichen, zu den Bösen.

Aber das ist natürlich eine Rationalisierung. Und ein kluger Schwächling wird sich selbst nie ganz davon überzeugen können. Und das wird in seiner Psyche Schaden anrichten. Während die Starken über ihn lachen. Was innerlich weiteren Schaden anrichtet. Und währenddessen werden die Starken immer reicher und genießen das Leben. Das richtet noch mehr Schaden in der Seele des Schwächlings an. Irgendwann wird der Schwächling dann eine derart giftige Kombination aus Selbsthass und Neid verspüren, dass er sich wehren, sich ein Ventil suchen muss. Er wird den Drang verspüren, seinen verhassten Feind zu verletzen. Aber natürlich kann er keine direkte Konfrontation riskieren - er ist ein Schwächling. Seine einzigen Waffen sind Worte.

In unserer heutigen Zeit sind die Kapitalisten die Starken. Für eine Weile, im letzten Jahrhundert, konnten Sozialisten glauben, dass die Revolution kommen würde. Dass endlich "Gerechtigkeit" einkehrt und die Reichen, die Starken, entmachtet und bestraft werden - während die Schwachen endlich und verdientermaßen belohnt werden. Aber diese Hoffnung wurde grausam enttäuscht. Der Kapitalismus hat gewonnen und die Sozialisten hassen diese Tatsache. Der Sozialismus ist der Verlierer und die Sozialisten hassen auch diese Tatsache. Sie hassen die Gewinner dafür, dass sie gewonnen haben. Und sie hassen sich selbst dafür, dass sie sich für die Verliererseite entschieden haben. Und Hass als chronischer Zustand führt zu dem Drang zu zerstören. Aber die einzigen Waffen der Schwächlinge sind Worte. Also wie kann ich mit Wörtern zerstören?

Indem ich Gerüchte streue und Lügen verbreite. Ob die Gerüchte stimmen oder ob ich die Lügen selbst glaube, spielt dabei keine Rolle. Entscheidend ist nur, dass sie in der Psyche meines Gegners Schaden anrichten. Das Endziel ist dabei, das Selbstwertgefühl des Gegners zu zerstören. Denn wer nicht mehr glaubt, den Sieg verdient zu haben, wird nicht entschlossen um ihn kämpfen. Also sind psychologische Kriegsführung, moralische Diskreditierung der Starken und Aufhetzung der Herde die Waffen der Wahl.

Natürlich weiss der kluge Schwächling, was er da tut. Also muss eine weitere Rationalisierung her. Der Zweck heiligt die Mittel und wenn der Schwächling in den Spiegel schaut sagt er sich: „Ich mache das nur für eine gerechtere Gesellschaft und die Rettung der Welt!"

Und, et voilà, da ist sie, die Rechtfertigung für alles. Erst für Lügen, Verleumdung und Rufmord – später dann für Totalitarismus, Konzentrationslager, Gulags, Killing Fields, und den großen Sprung vorwärts in die genozidale Kulturrevolution.

All das ist dann ein notwendiges Übel, um endlich eine Welt zu erschaffen, die es dem Schwächling wert ist, in ihr zu leben. Denn in der alten Welt ging es ihm schlecht – und das ist die Schuld der Welt, nicht des Schwächlings! Also muss die schöne neue Welt um jeden Preis erschaffen werden – koste es was es wolle! Und sollte das nicht gelingen, dann ist der Untergang der ganzen Welt, inklusive des Schwächlings, nur verdient.

Hitler ist sicherlich ein Paradebeispiel für den hier geschilderten Mechanismus, als Künstler verschmäht, als Soldat besiegt, immer wieder erniedrigt. Wie das wohl bei seinen Kollegen

Stalin, Mao und Pot war? Konkrete Vergleiche zu gegenwärtigen Akteuren sind mir aufgrund konsequenter Ignoranz zum Glück nicht möglich – der tagespolitisch interessierte Leser wird sie jedoch sicherlich mit Leichtigkeit finden.

Wenn ich mich in der als kapitalistisch empfunden Welt schlecht fühle und die Welt statt meinem Verhalten dafür verantwortlich mache, dann will ich diese Welt, „das System", zerstören. Das gilt insbesondere für all das in der Welt, was besonders gut und erfolgreich funktioniert und mir damit meine eigene Minderwertigkeit noch deutlicher macht. Wenn ich leistungsschwach bin und mich und die Welt dafür hasse – dann ist das Leistungsprinzip an sich mein Feind.

Die seelische Gesundheit unserer Berufspolitiker können wir nicht beeinflussen - aber unsere eigene.

Der verständliche Impuls mächtige Personen mit ausgeprägter Sklavenmoral zu bekämpfen ist nicht die Lösung – sondern macht uns zum Sklaven der Sklaven, zum Opfer der Opfer. Wer jemanden bekämpft, richtet sein Handeln am Gegner aus, gerät in Reaktion und damit in Fremdbestimmung. Wenn wir uns Konflikte als Pendel vorstellen, dann hält jeder Schlag, egal aus welcher Richtung, das Pendel in Schwingung. Die Lösung liegt im Ignorieren, im Loslassen, im Sich-davon-lösen. Und mit der so gewonnenen Energie und Zeit können wir dann vielleicht ein bisschen dazu beitragen, bessere Alternativen zu erschaffen - ohne sie irgendjemandem aufzuzwingen.

Und Ressentiment und Sklavenmoral in der eigenen Psyche vermeiden wir am besten durch Nietzsches Aristokratische Wertgleichung, Kreativität und Selbstschöpfertum.

Mehr unter

https://linktr.ee/MaxReinhardt

Printed in Poland
by Amazon Fulfillment
Poland Sp. z o.o., Wrocław

73070941R00136